Multimedia im Unterricht

Chancen und Probleme

von

Hans Poignée

Tectum Verlag
Marburg 2005

Poignée, Hans:
Multimedia im Unterricht.
Chancen und Probleme.
/ von Hans Poignée
- Marburg : Tectum Verlag, 2005
ISBN 978-3-8288-8913-2

© Tectum Verlag

Tectum Verlag
Marburg 2005

Inhaltsverzeichnis

I. Multimedia heute – Die Möglichkeiten 7

- 1.1. Einleitung 7
- 1.2. Multimedia heute: Eine Darstellung der Möglichkeiten 11
- 1.3. Spracherkennung 13
- 1.4. Noteneingabe und Musikerzeugung 13
- 1.5. Texterkennung 16
- 1.6. Deutsch- und Fremdsprachenunterricht 17
- 1.7. Internet-Zugang 23
- 1.8. Grafik-, Bild- und Videobearbeitung 28
- 1.9. Nachschlagewerke 29
- 1.10. Naturwissenschaften 33
- 1.11. Biologie 34
- 1.12. Berufliche Qualifikation am Beispiel Elektrotechnik (Physik) 36
- 1.13. Berufliche Qualifikation am Beispiel von Datenbankrecherchen 37
- 1.14. Autorensysteme 39
- 1.15. Intranet-Möglichkeiten (LAN) 42
- 1.16. Teleteaching 45
- 1.17. Mediendistribution – Das Projekt Sesam 49
- 1.18. Nachschlagewerke versus interaktiv-experimentelle Software 61

II. Pädagogische Überlegungen zu Gesundheit und Kommunikation 65

2. Überlegungen zur Sozialisation und Kommunikationskultur und Gesundheit 65

- 2.1. Computerspiele - nur ein Spiel? 65
- 2.2. Belastungsquellen bei der Bildschirmarbeit 67
- 2.3. Zur Kritik des Begriff der Interaktivität 73

III. Methodik und Didaktik 75

3.1. Entwicklungspsychologie 75
- 3.1.1. Polemischer Einstieg ins Thema 75
- 3.1.2. Entwicklungspsychologische Faktoren 75
- 3.1.3. Altersstufe 5-6 Jahre 76
- 3.1.4. Stellungnahme 77
- 3.1.5. Altersgruppe 6-7 Jahre 77
- 3.1.6. Stellungnahme 78
- 3.1.7. Altersgruppe 7-12 Jahre 78
- 3.1.8. Stellungnahme 80
- 3.1.9. Altersgruppe 12 bis 17 Jahre 80
- 3.1.10. Stellungnahme 82

3.2. Didaktik des multimedialen Unterrichts 83
3.3. Voraussetzungen effektiven Multimediaeinsatzes 84
3.4. Auswahlkriterien für Lern-Spielsoftware 87
3.5. Methodische Fragen 88
3.6. Zur pädagogischen Begründung von Freiarbeit 89
3.7. Warum Freiarbeit für multimedialen Unterricht? 96
3.8. Freiarbeit im Aufbau 101
3.9. Umgestaltung eines Klassenzimmers für multimedialen Unterricht 102
3.10. Exemplarische Unterrichtsansätze 105

IV. Zusammenfassung 116

Anhang 121

Danksagung

Ich danke meinen Schülern für ihre Mitarbeit in pädagogischen Projekten. Vor allem danke ich meiner Frau für das Verständnis und die Zeit, die sie mir ließ, um dieses Buch nebenberuflich zu verfassen. Meinem Sohn danke ich für seine Begeisterung für das Spiel „Age of Empire", in das er mich eingewiesen hat.

I. Multimedia heute – Die Möglichkeiten

1.1. Einleitung

Mit dem Begriff Multimedia verbinden sich heute eine Reihe von Wünschen und Befürchtungen. Die Wünsche, die sich an Multimedia richten sind zuerst Wünsche nach effizientem Lernen "nach vernetztem Denken der Schülerfinnen und nach dem Eintritt und der Wettbewerbsfähigkeit in der modernen Industriegesellschaft".

„in Zukunft werden neue Informations- und Kommunikationstechniken einen immer weitergehenden Umgang mit den Ressourcen "Information" und "Wissen" ermöglichen, über die nationalen und kontinentalen Grenzen hinweg. Die Industriegesellschaft, aus der industriellen Revolution des 19. Jahrhunderts hervorgegangen, steht damit vor einem tiefgreifenden Umbruch. Informationen in Gestalt problemlösenden Wissens werden für Wirtschaft und Gesellschaft eine ebensolche Bedeutung erlangen wie bislang Arbeit, Rohstoffe und Kapital. (...) Diese Entwicklung wird der menschlichen Intelligenz neue Dimensionen eröffnen und weitreichende Wandlungen in der Art gesellschaftlicher Kooperation und sozialen Zusammenwirkens herbeiführt. (Wissenschaftlicher Dienste des Bundestages.S.1)

Aus dieser Perspektive wird dem Begriff Multimedia eine besondere, neue Qualität zugeschrieben:

‚Multimedia- das Wort des Jahres 1995 - meint, dass bisher getrennte Kommunikationstechniken miteinander verschmelzen. Es findet eine Integration von gesprochener Sprache, Text, Video, Audio, Telekommunikation, Unterhaltungselektronik und Computertechnik statt. Multimedia heißt aber noch mehr als die bloße Integration verschiedener Medien. Multimedia umfasst im hier gebrauchten Sinn "drei neue oder erweiterte Möglichkeiten, die für sich in ihrer Kombination die gegenwärtige Anwendungsbreite des Informations- und Kommunikationsverhaltens erheblich steigern: Vernetzung, Integration und Interaktivität (Landtag von Baden-Württemberg,s.17. ct. bei Frech,s.2.) Vernetzung meint dabei die Möglichkeit des Zugangs zu allen weltweit gespeicherten Informationen. Integration. Integration drückt die Möglichkeit der zeitgleichen Zusammenführung der verschiedenen Medien, Text, Graphik, Bewegt-Bild und Ton aus. Interaktivität meint die tendenziell weltweite Möglichkeit, dass jeder zugleich Empfänger und Sender von Informationen wird. (a.a.O.).

Noch mehr als beim bisherigen Computergebrauch sollen Schüler qualifiziert werden für den Umgang mit Medien, denen unstreitig die Zukunft gehört und die unser Leben in einem nicht gekannten Maß verändern werden. Dazu noch einmal aus dem Bericht der" Multimedia-Enquete des Landtages Baden-Württemberg: "Die erweiterten Handlungschancen durch Vernetzung, Integration und Interaktivität beschleunigen die Globalisierung der Wirtschaft. Weniger als bisher sind örtliche und zeitliche Bindungen Voraussetzungen der wirtschaftlichen Tätigkeit. Aus mehreren Gründen wird mit Multimedia der seit Jahren merkliche wirtschaftliche Strukturwandel und die damit einhergehende Denationalisierung der Wirtschaftspolitik beschleunigt. Funktionen der Unternehmens-, Prozess-, Fertigungssteuerung usw. sowie wirtschaftliche Teil- und Vorleistungen können mehr als bisher örtlich entkoppelt und gleichzeitig effektiver synchronisiert werden. (...) Entwicklung, Konstruktion und Planung müssen nicht mehr an einem Ort zusammengefasst sein. Den Unternehmen werden künftig bei Standort- und Strukturentscheidungen mehr Optionen aus der globalen Vernetzung offen stehen. Die Firmen werden sie vermutlich auch immer dann konsequent nutzen, wenn sie komparative Vorteile daraus erwarten können. Die gegenwärtigen Ver- und Auslagerungen von Wertschöpfungsgliedern sowie die Differenzierung und Spezialisierung wirtschaftlicher Tätigkeit im globalen Maßstab erhalten mit Multimedia weiteren Auftrieb und vermutlich eine neue Dynamik(...). Die interregionale und globale Kapitalmobilität könnte beschleunigt werden. Hinzu kommt eine Verstärkung und Beschleunigung des lang anhaltenden Trends in modernen Volkswirtschaften, wonach Anteile immaterieller Arbeit gegenüber der materiellen Arbeit zunehmen, denn immaterielle Arbeit hat überwiegend mit Daten, Informationen und Kommunikation zu tun. Nach Trendrechnungen werden in 15 Jahren bereits 70% der Erwerbstätigen in Deutschland mit immaterieller Arbeit und hierbei wiederum oftmals mit irgendeiner Form von informationsverarbeitenden und kommunizierenden Aufgaben zu tun haben. (...) Die gegenwärtig besonders leistungsstarken Wirtschaften, die sich frühzeitig in Aufbau, Entwicklung und Nutzung von Multimedia-Infrastrukturen engagieren, können Vorteile hinsichtlich der Konzentration wirtschaftlicher Aktivität (...) erlangen. Damit kann sich durchaus eine neue Trennlinie weltweiter Arbeitsteilung ankündigen, über deren weltwirtschaftliche, politische und soziale Auswirkungen heute noch völlige Unklarheit herrscht" (a.a.O., S. 19ff.).

Auf Seiten der Unternehmen herrscht indessen Optimismus und es wird vorsorglich in den Sektor. "Multimedia" investiert:

"Der Multimediaeinsatz ist für deutsche Unternehmen einer Studie zufolge unverzichtbar geworden. Inzwischen hätten fast alle Unternehmen eigene Multimediaabteilungen geschaffen, heißt es in einer gemeinsamen Untersuchung der Gesellschaft für Konsumforschung (GfK), der Fachzeitschrift "Horizont" und der MGM Media Gruppe München. Mehr als die Hälfte der befragten hundert Großunternehmen wollten für ihr Multimedia-Engagement neue Arbeitsplätze schaffen. Die besten Chancen auf Einstellung hätten Multimediaredakteure und die Designer der Internet-Seiten. Intern strebten die Unternehmen mit dem Multimediaeinsatz eine bessere Kommunikation an. Meist kommt dabei ein sogenanntes Intranet zum Einsatz, ein unternehmensinternes Internet. Nach außen haben die Informationsgewinnung und der elektronische Briefverkehr (Email) den höchsten Stellenwert. Kundenbindung und -- zufriedenheit sowie ein höheres Ansehen stehen in der Erwartung deutlich vor einer Umsatzsteigerung. Vor allem die Touristikbranche, Medienunternehmen und der Finanzsektor wollen ihr Engagement in diesem Sektor ausbauen." (FAZ, 23.2.98)

Voraussetzung einer intensiven Nutzung von Multimedia sind effektive Datennetze. Bis 1999 wurde der Bedarf von der EU-Kommision auf 40 Mrd. DM, vom der Clinton - Administration auf 50 Mrd. Dollar angesetzt. (vergl. Issing, L./Klimsa P. 1995,S.1.) Diese Aussagen werfen verschiedene volkswirtschaftliche, politische, soziologische und psychologische Fragen auf, die in diesem Rahmen jedoch nicht diskutiert werden können. Über die Arbeitswelt des 3. Jahrtausend gibt es unterschiedliche Erwartungen. (vergl. z.B. Rifkin). Pädagogisch wäre u.a. zu klären, wie sich Veränderung des Arbeitsbegriffs auf die "Basisqualifikationen" der Zukunft auswirken müsste. Es wäre, um diesen Gedanken wenigstens anzureißen, durchaus möglich, sinnvolle Beschäftigung in langen Zeiten der Muße/Arbeitslosigkeit/Herausfallen aus dem klassischen produktiven Sektor als neues Lernziel zu definieren.

Es jedoch genau diese oben ausgeführten massiven Veränderungen, die vielen Lehrern und Eltern auch Ängste einjagen. Fragen wie: " Was wird aus dem kindlichen Spiel?", "Wie entwickelt sich das Sozialverhalten?" sind Fragen, die sich vor allem kritische Eltern stellen. Lehrer fragen noch weiter: "Was wird aus dem pädagogischen Bezug, wenn die Schülerlinnen ständig am PC sitzen?" „Ist der PC überhaupt ein sinnvolles Medium, wenn alle sinnlichen Lernanker" wegfallen und nur noch mit der Enter-Taste oder mit der Maus agiert wird?" Solche Fragen können nicht vom Tisch gewischt werden. Mehr noch:

Alle diese Fragen sollen aufgegriffen werden und so gut wie möglich unter Berücksichtigung der gegenwärtigen Computertechnik beantwortet werden. Es soll untersucht werden, ob die Computerprogrammierer das Prädikat interaktiv überhaupt verdienen, welche Angebote an Software sie machen, welche Einsatzgebiete aber auch Grenzen dem Computereinsatz in der Schule gesetzt sind.

Die weitgehenden Veränderungen in der Unterrichtsmethodik werden in einem eigenständigen Kapitel beleuchtet sowie Möglichkeiten für die Umgestaltung des Unterrichts und der Unterrichtsräume exemplarisch dargelegt.

Um mit Software im Unterricht arbeiten zu können, muss man als Lehrperson diese Programme kennen. Manchmal stellt man leider fest, dass sie ungeeignet nicht nur für die speziellen Bedürfnisse einer Klasse sind, sondern in vielen Bereichen (Aussprache, Bedienerführung, mangelnde Hilfe, stupides Wort-für-Wort-Übersetzen aus einer anderen Sprache) einfach nicht ausgereift sind.

Dies kommt daher, dass die Macher bei Multimedia noch jung sind: Wie bei jeder neu entstehenden Berufsgruppe, so ist auch bei Multimediaentwicklung dle Qualifikation der Mitarbeiter sehr ungenau definiert. Für gute Software für Kinder und Jugendliche bräuchte es eine Mehrfachqualifikation in Informatik, Design und Pädagogik. Erst jetzt entstehen die ersten Berufsbilder und Ausbildungen:

‚Das niedersächsische Kultusministerium hat jetzt die Erstausbildung zum "Staatlich geprüften Informatikassistenten - Schwerpunkt Multimedia" als Pilotversuch genehmigt. Im Mittelpunkt stehen die Konzeption und Gestaltung von interaktiven Medien wie CD-ROM, Videosequenzen und Internetseiten sowie der Umgang mit der erforderlichen Hard- und Software, mit Netzwerken und Datenbanken. Dabei kommen Unix-Systeme sowie Windows- und Macintoshoberflächen zum Einsatz. Die zweijährige Ausbildung richte sich an "kreative Köpfe" mit Interesse an neuen Medien und an technisch orientierte Nachwuchskräfte mit Gespür für Präsentation und graphische Gestaltung, erklärt Werner Meyer, Leiter des Bildungszentrums für informationsverarbeitende ... Wesentliche Voraussetzungen seien eine hohe Motivation, ausgeprägte Teamfähigkeit und Belastbarkeit. Nach den ersten drei Semestern folgt ein zweimonatiges Praktikum mit einer multimedialen Projektarbeit. Für die im Oktober 1998 beginnende Ausbildung können sich Abiturienten und Schüler mit erweitertem Sekundar-Abschluß jetzt bewerben. Neben den Zeugnissen entscheidet ein Auswahlverfahren mit persönlichem Gespräch und schriftlichen Tests über die Vergabe der zunächst 25 Plätze." (FAZ, 14.03.98)

1.2. Multimedia heute: Eine Darstellung der Möglichkeiten

Der PC ist heute zum Schnittstellenmedium für den Datenaustausch jeglicher Art geworden. Während er vor Jahren noch zu Erfüllung wissenschaftlicher Berechnungen diente und danach als Hilfsinstrument für betriebliche Standardrechenaufgaben bzw. als bessere Schreibmaschine verwendet wurde, hat sich mit der Zunahme der Größe des Arbeitsspeichers (RAM) und der Festplatte (ROM) die Möglichkeit der Verwendung des PCs vervielfacht. Heute steht das Medium PC in Verbindung mit allen auditiven und visuellen Medien (siehe Schaubild). Die heutigen Möglichkeiten in der Informatik haben dazu geführt, dass optische und akustische Signale sehr gut erkannt werden können. Die Speicherplatzprobleme sind inzwischen (s.o.) behoben, so dass es auf jedem PC der Pentium-Klasse heute möglich ist, mit effizienter Geschwindigkeit akustische und optische Signale zu erkennen zu verarbeiten und zu speichern.

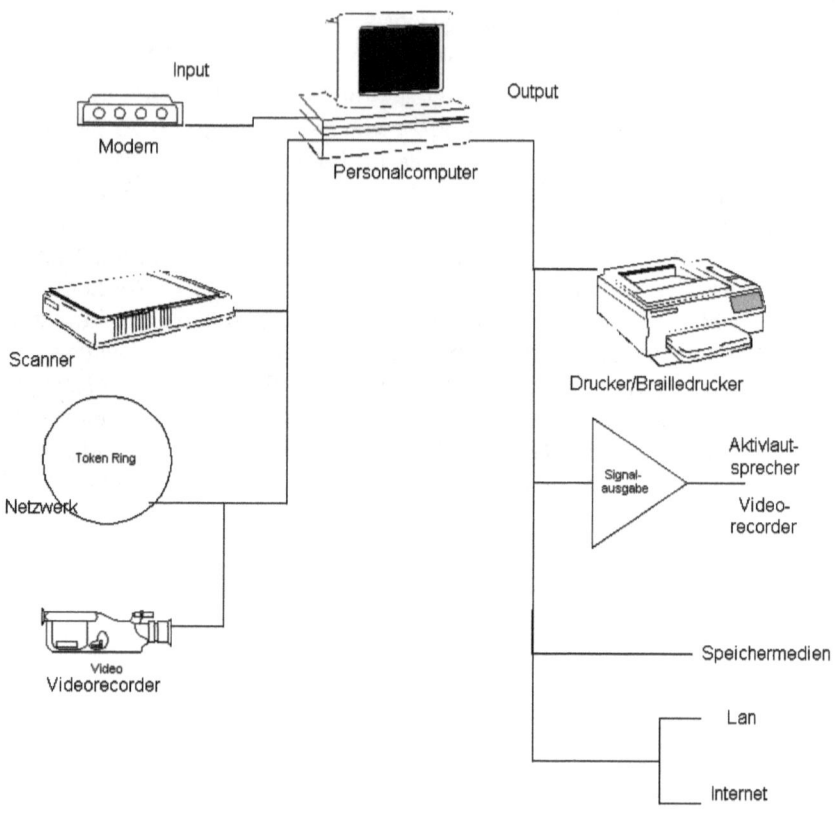

Abb. 1: Schnittstellenmedium PC

1.3. Spracherkennung

Spracherkennung ist mit Sicherheit eine bahnbrechende Technologie, die im Laufe des nächsten Jahrzehnts die Bürowelt verändern wird. Für behinderte Menschen ist diese Technologie ein Segen. Spracherkennung im Rahmen der Mensch-Maschinen-Interaktion läuft auf zwei Ebenen: Einmal kann der Mensch über diese Schnittstelle direkt mit der Maschine interagieren, Befehle geben und Texte eingeben. Andererseits können sich z.B. alte Menschen, Sehbehinderte oder Blinde Inhalte von Texten und sogar Internetseiten vorlesen lassen. (z.B. mit dem Programm Webspeech.)

Ein Text kann über eine sogenannte Brückensoftware (z.B. Speak and Win, Jaws, Dragon Dictate) mittels Kopfmikrophon direkt auf den Bildschirm gebracht werden. Als Vorarbeit ist lediglich eine Anpassung des Programms an die Stimme des Sprechenden und das Erlernen der von dem Sprecher häufig genannten , aber ungebräuchlichen Wörter notwendig. Daneben können jedoch einzelne Wörter, die das Programm nicht versteht, mit der Tastatur korrigiert werden.

Eine darüber hinausführende Möglichkeit ist die Steuerung von Programmen, d.h. nicht nur des jeweiligen Textverarbeitungsprogramms, über die oben genannte Brückensoftware. Befehle wie z. B. „eine Zeile tiefer" oder „ neuer Absatz" oder „fett drucken" müssen dann nicht mehr umständlich am Bildschirm bei den kleinen Bildchen (sog. Icons) gesucht und getroffen werden.

1.4. Noteneingabe und Musikerzeugung

Durch den PC bieten sich, auch für schwächere Schüler, eine Reihe von neuen Möglichkeiten, mit Musik zu arbeiten:. Noten können mit einem Notenscanprogramm (z.B. von der Fa. Hohner) eingelesen werden, in Töne umgesetzt und damit intuitiv verstanden werden. Es gibt für Blinde sogar die Möglichkeit, sich Noten in Blindenschrift darstellen zu lassen. Die Möglichkeiten sind damit jedoch noch nicht ausgeschöpft. Die Noten, die sich am Großbildschirm natürlich behindertengerecht darstellen lassen, lassen sich auf Tasteninstrumente übertragen. Diese sog. MIDI-fähigen Keyboards spielen nun die gewünschten Töne und können auch die Klangfarben verändern. Eine besonders attraktive Möglichkeit bieten sog. Sequenzer. Diese Programme bieten die Möglichkeit, am PC natürliche, mit einem Mikrophon aufgenommene Stimmen oder Instrumente mit vorgefertigten und fertig gelieferten Rhythmen, Klängen und Melodien zu mischen wie an einem Mischpult. Bekannt sind die Sequenzer-Programme Cubase und Music2000. Technisch empfiehlt sich für die Arbeit mit einem Sequenzer anstelle einer einfachen Soundkarte eine Full-Duplex-Soundkarte, bei der gleichzeitig aufgenommen und mitgehört werden kann, was das , komponiert erleichtert. Die folgende Abbildung zeigt den Bereich . Direktaufnahme aus dem Programm. Music 2000. Hier können, neben den bereits mitgelieferten Rhythmen, Drums und Klavierskalen eigene echte Musikinstrumente in das Arrangement eingefügt werden. Diese Aufnahmen können nachgearbeitet werden, d.h. einzelne, besonders gelungene Passagen können dupliziert, andere weggeschnitten werden. Kein Manko- so machte es auch Karajan mit verschiedenen Aufnahmen der von ihm dirigierten Konzerte.

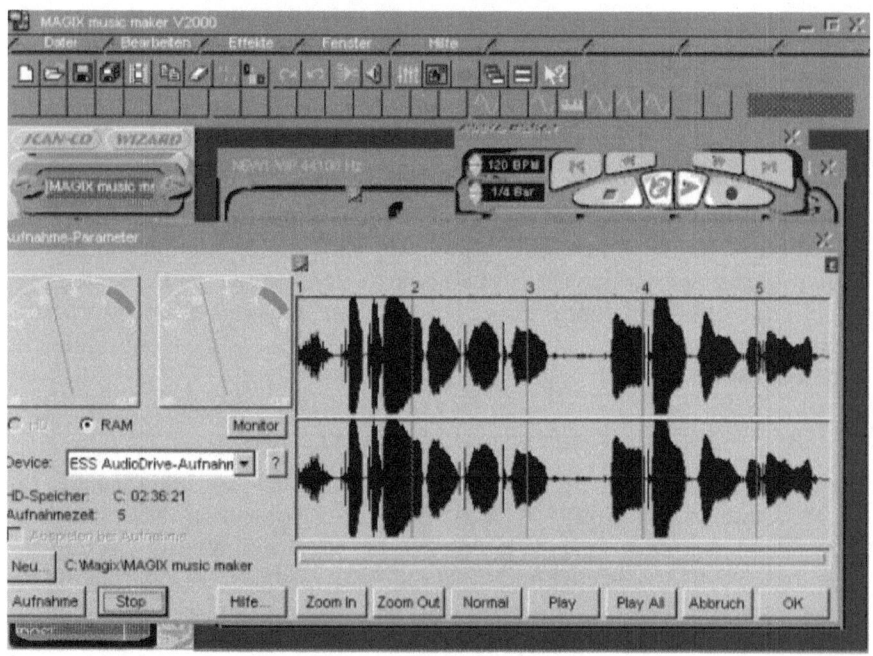

Abb. 2: Sequenzer-Programm Music Maker 2000

Eine weitere Möglichkeit des Einsatzes des Computers im Musikunterricht ist seine Verwendung als Notationshilfe. So bietet z.B. das verbreitete Programm Capella für wenig Geld die Möglichkeit, mehrstimmige Sätze in einer Art drucksauber in den Computer einzugeben und dann ausdrucken zulassen. Für den Musikpädagogen ist es so möglich, Lieder zu transponieren. Für Schüler wäre eine interessante Aufgabe, eigene Kompositionen, z.B. in Verbindung mit der Behandlung von Intervallen einzugeben und sich vorspielen zu lassen.

Abb.3: Notationprogramm Capella

Abb.4: Ausschnitt aus dem Programm „Mozart on Tour"

Ein recht interessanter Versuch ist das Programm Mozart on Tour von Klett/Heureka. Es bietet eine Verbindung aus Texten, Videos und Musikstücken Mozarts. Die Möglichkeit, sich an die Person des großen Komponisten auf unterschiedliche Weise anzunähern - d.h. biographisch, geographisch, musikalisch und als Komponist, der versucht, dessen Kompositionen nachzuahmen - ermöglicht verschiedene Wege zum gleichen pädagogischen Ziel, dem Vertraut-werden mit einem. Stoff . Für den Lehrer besteht die Möglichkeit, den Schülern Suchaufgaben zu stellen, wobei dem Element des nicht- linearen Arbeitens durch diese Vorgehensweise entsprochen würde.

1.5. Texterkennung

Für Lehrer bietet Texterkennung eine Möglichkeit, Texte auf die individuellen Fähigkeiten von Schüler hin zu bearbeiten. Es gibt eigentlich keine Schulbücher , die auf die unterschiedlichen Bedürfnisse von Schülern abgestimmt sind. Um dieses Problem zu beheben, gibt es die Möglichkeit, über einen Scanner (heute schon ab 60 €) die Texte aus den gekauften Schulbüchern einzulesen und Teile davon für die Schüler zu vergrößern und bestimmte Bereiche zu markieren oder wegzulassen. Anstelle des reinen Kopierens muss beim Scannen der Text eingelesen und erkannt werden. Unter Windows 95 und höher gibt es inzwischen gute Texterkennungssoftware z.B. Recognita, Textbridge oder Omnipage, die auch keine Schwierigkeiten mit den deutschen Umlauten mehr haben.

Dieses hier beschriebene Verfahren ist natürlich alles andere als ökonomisch. Sinnvoller wäre es, wenn die Verlage zum Preis der sonst verkauften Bücher CDs mit den Texten an die Schulen verkaufen würden. Diese könnten dann von den Lehrerlinnen direkt weiter verarbeitet werden.

Mittelfristig ist damit zu rechnen, dass Verlage weitergehenden gesetzlichen Schutz für ihre Bücher erhalten und dann mit Rahmenverträgen mit den Schulen diesen die Inhalte der Bücher auch auf CD zur Verfügung stellen können.

1.6. Deutsch- und Fremdsprachenunterricht

Sprachlernprogramme sind heute nicht mehr auf Computer abgebildete Karteikärtchen-Programme, sondern sind in der Lage, den Prozess des Spracherwerbs interaktiv zu begleiten. So ist es bei einer Reihe von Programmen möglich, sich zu einzelnen Wörtern und Sprechsituationen, die als Bild wiedergegeben werden, die Aussprache über Lautsprecher ausgeben zu lassen und sogar die Aussprache des Lernenden vom Computer kontrollieren zu lassen. Mit selbsterstellten Lektionen kann der Fachlehrer einige Programme auf den Bedarf der Schüler abstimmen. D. h. für jede Lektion kann idealerweise der Wortschatz mit der Aussprache gekoppelt für den Schüler dargestellt werden. Für eine optimale Arbeit, die man sich in Zusammenhang mit Wochenplänen gut vorstellen kann, muss eine Soundkarte und ein Kopfhörer für jeden Arbeitsplatz vorhanden sein. Ein individuelles Training wird dadurch noch erleichtert, dass eine Reihe von Programmen die Möglichkeit haben, *noch nicht gelernte* Wörter extra zu speichern und noch einmal anzubieten. Alle besseren Programme können die Buchstabengröße (Fonts) an die Bedürfnisse der Schüler anpassen. Als Beispiele guter Programme seien hier die Sprachlernprogramme von Digital Publishing und Treevok 6.0 genannt.

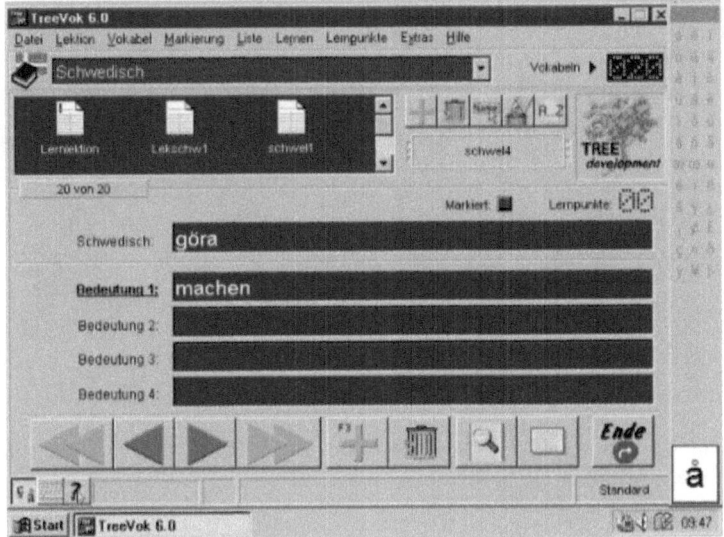

Abb. 5: Treevok mit gut sichtbaren Eingabefeldern.

Einen anderen Weg hat der Lehrmittelhersteller Cornelsen gewählt. Er bringt Software heraus, die sich an den Lektionen seiner Lehrbücher orientiert. D.h. hier wird die Software als Unterrichtsergänzung betrachtet. Die Anschaffung obliegt entweder der Schule oder dem einzelnen Schüler. Der Preis liegt bei der Einzellizenz z.B. für eine Begleitsoftware für Englisch der Klasse 5 149 DM. Es gibt viele spielerische Elemente. Die Interaktivität beschränkt sich auf Seiten des Benutzers außer auf Mausklicks auf das Eingeben zusätzlicher Vokabeln.

Wie bei vielen Vokabellernprogrammen ist auch hier zu fragen, wie der langfristige Lerneffekt ist. Vorbildlich ist hingegen die Animation mit Bildern, Sprechtexten in sehr gutem Englisch und die Hilfefunktion.

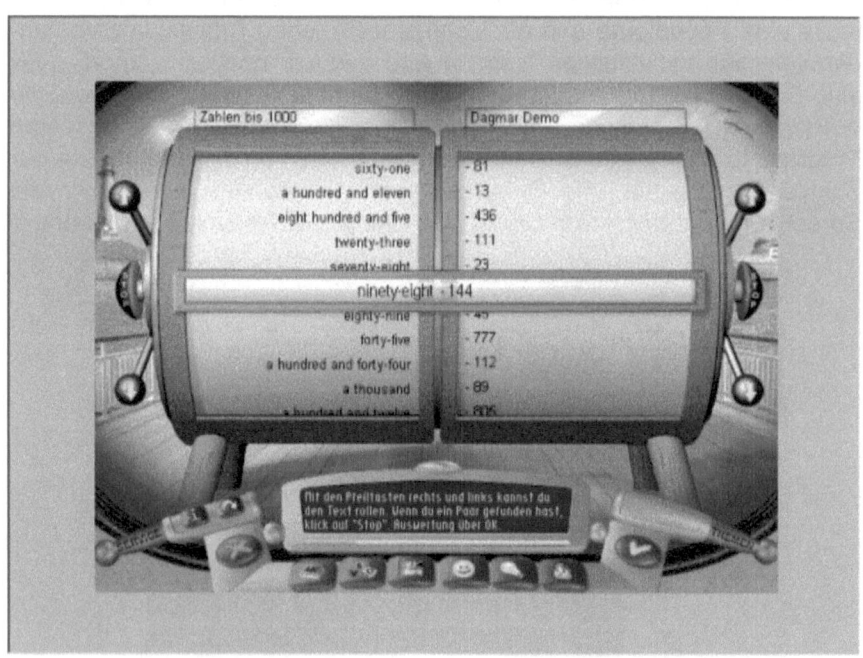

Abb. 6: Beispiel einer spielerischen Anwendung im English Coach Multimedia von Cornelsen Software

Bei der Integration von Bild, Text und situativem Kontext bieten die Sprachlernprogramme von Digital Publishing Hervorragendes. Die Texte am Bildschirm sind immer in einen Kontext eingebunden (z.B. Einkauf auf dem Markt, Tennisspiel..). die Text kann man sich vorlesen lassen und die eigene Aussprache lässt sich speichern und dann mit dem Original vergleichen. Kommentarbereiche erklären die, den Aufgaben zugrunde liegenden grammatischen Regeln. Eine Kommentatorstimme, die der Lernsituation angemessen ist (also kein kreischendes „oh jeh" bei einem Fehler) begleitet das Ganze. Das am PC bisher mögliche Maß an Interaktivität ist damit ausgeschöpft. Deutlich wird aber auch, dass die Erarbeitung eines Grundwortschatzes nach wie vor von dem Lehrpersonal geleistet werden muß; das Programm kann nur Gewusstes vertiefen und anwenden.

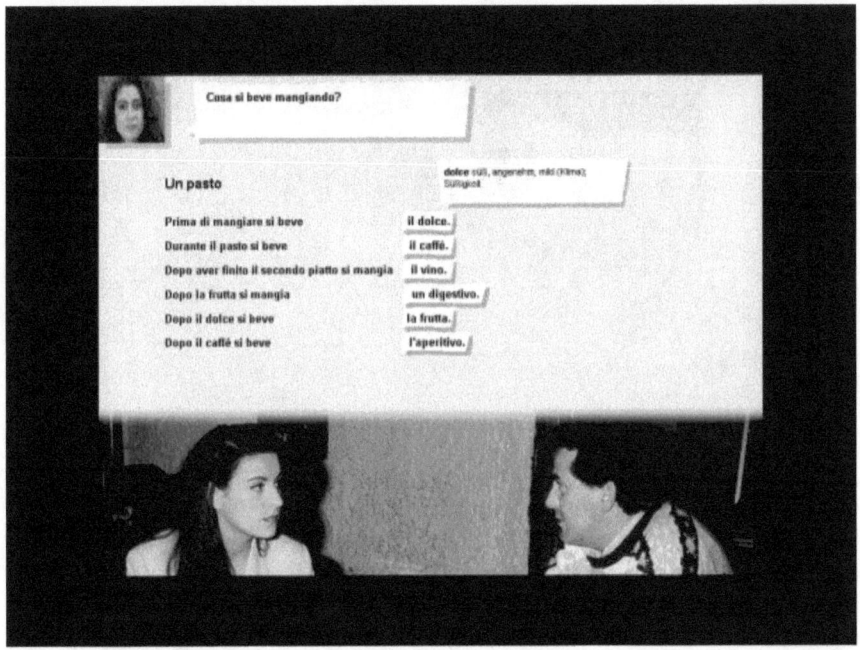

Abb. 7: Sprachlernprogramm von Digital Publishing

Das" Rosetta Stone"- System arbeitet mit der Zuordnung von Text, Bild und Ton, wobei zuerst nur Bild und Ton zueinander präsentiert werden. Dieses System eignet sich zur Erarbeitung eines Grundwortschatzes.

Danach werden auch Texte mit den Bildern bzw. Situationen in Verbindung gebracht. Was dennoch fehlt, sind die vielfältigen Möglichkeiten der Wissensverankerung im Gedächtnis. Somit kann es vermutlich auch nur die Aufgabe der Vertiefung von gelernten Vokabeln übernehmen. Der wichtigste Nachteil ist der hohe Preis der Software.

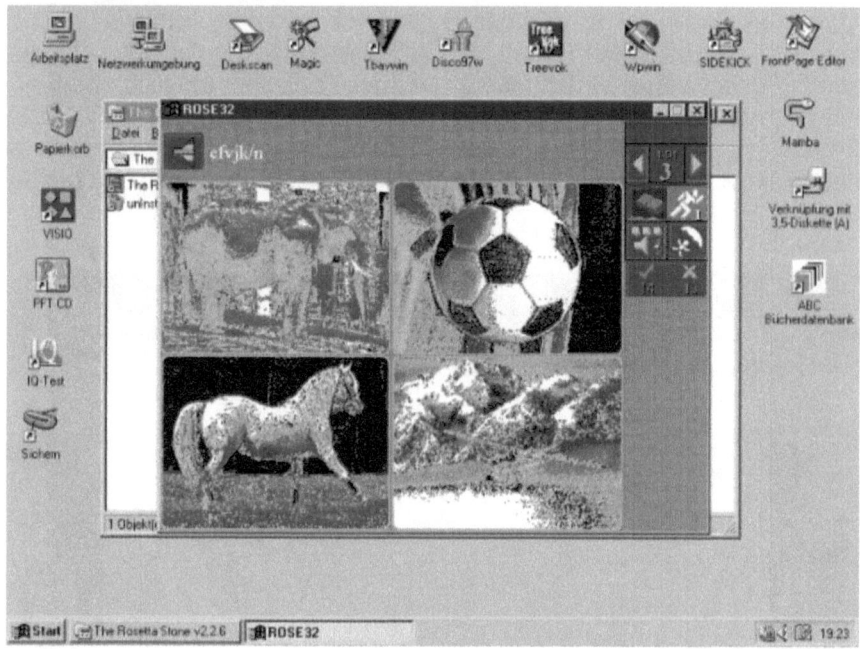

Abb. 8: Ausschnitt aus einem Programmteil von Rosetta Stone English

Ein sehr preiswertes Programm, das die Integration von Ton und Text sowie erläuternde Anwendungssätze bietet ist die Basiswortschatzreihe von Humboldt. Die Wörter sind nach Themenbereichen sinnvoll geordnet. Das Programm lässt sich also nicht mit Schulbuchlektionen verbinden. Es eignet sich jedoch gut für freiwillige Vertiefungsübungen einzelner Schüler. Die Benutzerführung, ist ausgezeichnet. Nicht gekonnte Wörter werden während der Lektion wieder" eingemischt, bis sie richtig beantwortet sind. Dennoch kann jederzeit aus dem Programm ausgestiegen werden.

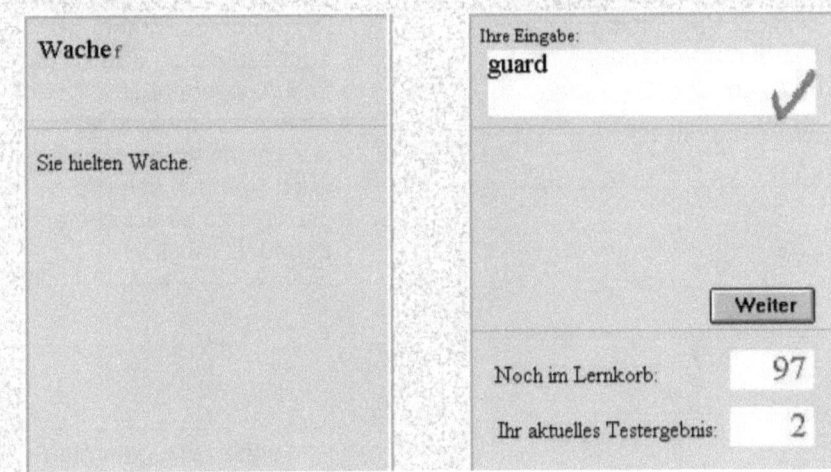

Abb. 9: Humboldt: Englischer Grundwortschatz

Wie idealtypische Sprachlernsoftware programmiert sein sollte, wir versuchsweise in der Abb. 10 auf der nächsten Seite dargestellt.

Idealtypische Sprachlernsoftware (Versuch)

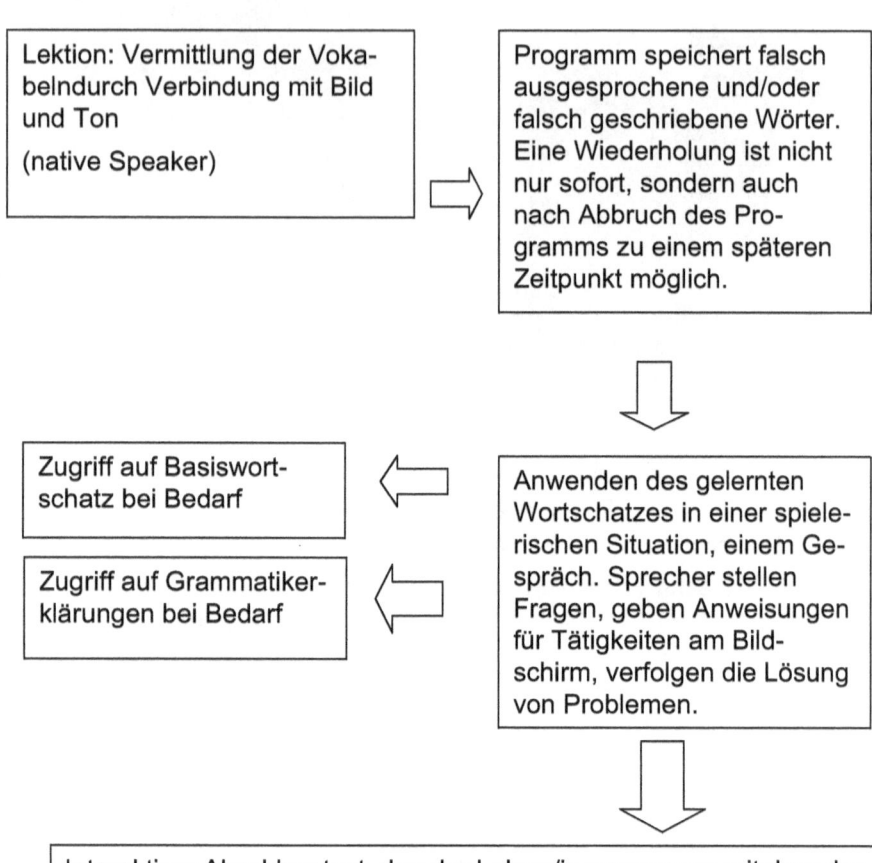

1.7. Internet-Zugang

Einen eigenen Internet-Zugang zu haben, ist für Schulen inzwischen eine Prestigefrage. Die Initiative. Schulen ans Netz will 10000 Schulen in Baden-Württemberg mit dem Netz verbinden. Heute sind bereits 1000. Dabei finden sich deutliche Unterschiede in den Schultypen bezüglich der Nutzung des Internets. Während Hauptschulen nur mit ca. 14% vertreten sind, Realschulen zu 26% das Internet nutzen, sind es bei Gymnasien etwa 54%. (vergl. Tempi, 1997, s.66).

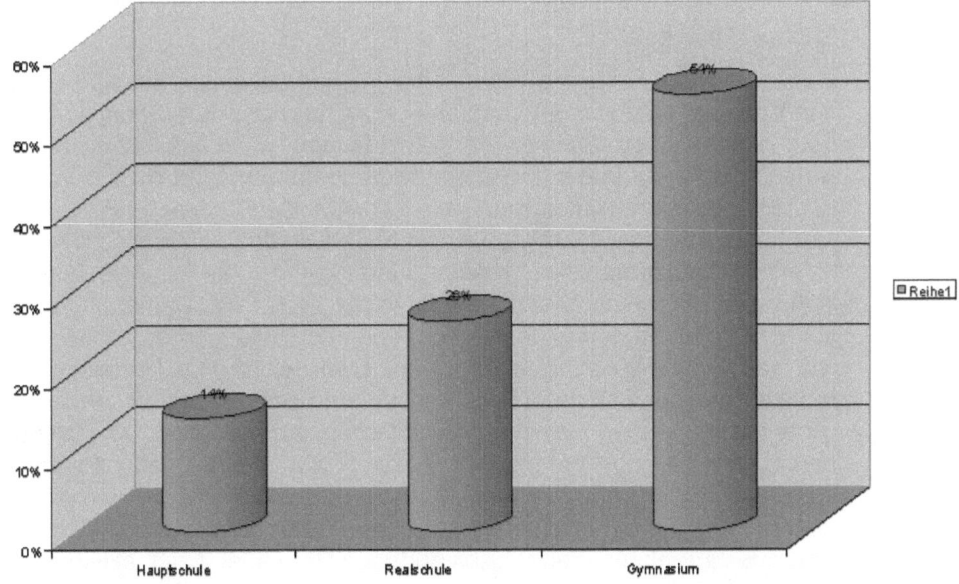

Abb. 11.: Verteilung der prozentualen Internetnutzung unterschiedlicher Schularten

Wunschbild sind die medienkompetenten Schülern, die sich neue und neuartige Informationen über das Internet besorgen:

"Dagegen können die Lernenden bei der Nutzung von Netzen erstmals unbegrenzt auf Daten zugreifen, auch solche, die oftmals die Lehrperson nicht kennt. Lehrerinnen und Lehrer werden längerfristig nicht mehr die Hauptlieferanten von Informationen und Wissen sein. Externe Expertinnen und Experten können befragt werden. Schülerinnen und Schüler werden mit unterschiedlichen Sichtweisen konfrontiert und müssen diese abwägen. (...) Die Grenzen zwischen Lehrenden und Lernenden werden porös. (...) Eine zweite neue Form schulischen Lernens entsteht durch die Kommunikations- und Kooperationsmöglichkeit mittels Netzen über den Lernort Schule hinaus. (...) Mit dem Interner ist ein Kommunikationsraum geschaffen, der die Kommunikation und das gemeinsame Entwickeln von Arbeitsergebnissen, das gemeinsame Produzieren von Ideen ja geradezu herausfordert und in einem bisher nicht vorhandenen Maße unterstützen kann. Die Kommunikation ist orts- und zeitunabhängig und kann mit Personen weltweit geschehen. (...) Die Beteiligten konstruieren ihr Wissen, indem sie ihre Ideen aufschreiben, Reaktionen und Anregungen von Kommunikationspartnerinnen und -partnern erhalten und in diesem Prozess ihr Wissen ausdifferenzieren" (Schulz-Zander, 1997 s. 9)

Real sind z.Z. eher lange Wartezeiten, Suchmaschinen, die eine Unzahl von Web-Seiten anbieten, aus denen man nur per Zufall fündig wird, und die Frage:" Woher stammen die Informationen, wie aktuell sind sie, nach welchen Kriterien und mit weichen Werkzeugen wurden sie zusammengestellt, weichen Hintergrund hat der Autor" (Döring, 1995 s. 323.) Harth/Simon sprechen sogar von einer . Müllhalde von schlecht recherchierten, katastrophalen Texten (Harth/Simon, 1997,s. 199)Dennoch sollte der derzeitige Stand des Internets nicht alle Bemühungen abschrecken. Es ist durchaus möglich, bei guter Anleitung der Schüler das Netz auch sinnvoll zu nützen, indem man selbst eine Homepage der Klasse oder der Schule erstellt, mit anderen Schulen kommuniziert und gezielt auch genaue Adressen des Internets zugreift. Auch eine gemeinsame Kritik der dort gefundenen Texte dürfte ebenso sinnvoll sein wie das, was früher im Deutschunterricht im Bereich Analyse von Werbetexten lief. Speziell im Internet ist noch auf die Gefahr hinzuweisen, die sich aus einem zu geringen ‚Abstand zum Computer ergibt bzw. verlorener Zeit, die sonst für andere sinnvolle pädagogische Aktivitäten genutzt werden könnte. Was Gewalt, Pornographie und Extremismus im Netz betrifft, so gibt es inzwischen Internet-Filter" Cypersitter" zu kaufen. (vergl. tomorrow, 2J99 s. 90ff)

Es ist festzustellen, dass PCs, Handys und das Internet zunehmend für Schüler zum Informationsmedium wird, trotz der oben genannten Probleme. Intelligente gemachte Linksammlungen erleichtern es inzwischen einigermaßen, sich im Internet zu „verirren".

„Laut der JIM-Studie von 2002 steigt die Internetnutzung Jugendlicher weiter an. Computer und Internet sind für die meisten 12- bis 19-

Jährigen in Deutschland längst eine Selbstverständlichkeit. 93 Prozent aller Jugendlichen nutzen mindestens einmal pro Monat in ihrer Freizeit einen Computer. Am häufigsten surfen Jugendliche im Internet, spielen Computerspiele, hören Musik oder schreiben Texte.

Dies ist ein Ergebnis der aktuellen Studie "JIM 2002" des Medienpädagogischen Forschungsverbundes Südwest (MpFS), in dem die Landesanstalt für Kommunikation Baden-Württemberg (LFK), die Landeszentrale für private Rundfunkveranstalter Rheinland-Pfalz (LPR) und der Südwestrundfunk (SWR) kooperieren.

Bereits im fünften Jahr untersucht der Medienpädagogischen Forschungsverbund mit der JIM-Studie das Mediennutzungsverhalten 12- bis 19-Jähriger in Deutschland. Hierfür wurden von Mai bis Juli 2002 bundesweit 1.092 Jugendliche durch das Forschungsinstitut ENIGMA befragt.

Im Vergleich zum Vorjahr ist die Gruppe der Computer-Nutzer (mindestens einmal im Monat) um 10 Prozentpunkte auf 93 Prozent angestiegen.

Deutlich erhöht hat sich aber vor allem die Zahl der Internet-Erfahrenen. Zählten im Jahr 2001 63 Prozent aller Jugendlichen zu dieser Gruppe, so sind es in diesem Jahr bereits 83 Prozent. Während Jungen und junge Männer bisher immer den größeren Anteil an Internet-Erfahrenen stellten, haben Mädchen und junge Frauen stark aufgeholt und liegen erstmals mit Jungen und jungen Männern gleichauf. Kommunikation wird bei Jugendlichen auch im Internet groß geschrieben, denn nach wie vor zählt das Senden und Empfangen von E-Mails zu den am häufigsten ausgeübten Tätigkeit im Netz. Die Suche nach bestimmten Informationen und das Anhören von Musik- und Sound-Dateien folgen mit deutlichem Abstand. Insgesamt schöpfen männliche und ältere Onliner aber die Bandbreite möglicher Online-Aktivitäten mehr aus als weibliche und jüngere Nutzer.

Hinsichtlich der Medienausstattung Jugendlicher hat im vergangenen Jahr vor allem der Handy-Besitz weiter zugelegt. Während im Vorjahr 74 Prozent der 12- bis 19-Jährigen ein eigenes Handy besaßen, ist der Anteil im Jahr 2002 auf 82 Prozent angestiegen. Seit der ersten JIM-Studie aus dem Jahr 1998 hat sich der Handy-Besitz Jugendlicher somit verzehnfacht. Einen eigenen Computer haben im Jahr 2002 47 Prozent der Jugendlichen, einen eigenen Internetzugang 28 Prozent.

Auf der Suche nach Informationen zu Themen, die im Alltag Jugendlicher von Bedeutung sind, ist das Internet ein wichtiges Medium geworden. Gesucht wird hier vor allem nach Informationen zu Ausbildung/Schule/Beruf, Computer und -spiele, Technik, Umweltschutz, Musik(stars) und Bands. Bei anderen Themenbereichen greifen Jugendliche aber auch auf klassische Medien zurück. So dient das Fernsehen besonders als Informationsquelle für die Bereiche Musik, Sport, Musik-Stars, Kino/Filme sowie Film-/Fernsehstars. Die Tageszeitung wird insbesondere für die Bereiche Politik und Wirtschaft zu Rat gezogen, Zeitschriften werden bevorzugt zu den Themen Freundschaft, Liebe, Mode, Auto und Kunst/Kultur genutzt.

Auch in den Gesprächsthemen der 12- bis 19-Jährigen mit Freunden schlagen sich die Medien und ihre Inhalte nieder. Dabei nimmt das Fernsehen nach wie vor den größten Raum ein. 62 Prozent reden mindestens mehrmals pro Woche mit ihren Freunden über das Fernsehen, 39 Prozent über Zeitschriften und 37 Prozent über Handys. Über das Radio tauschen sich 20 Prozent aus, jedoch nur 11 Prozent über Bücher."

(Pressemitteilung vom 20. November 2002)

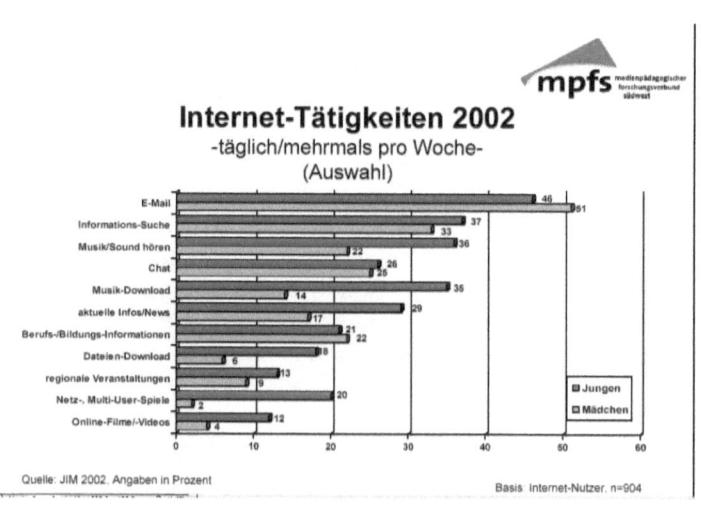

Abb.12: Tätigkeiten im Internet (Quelle: JIM 2002)

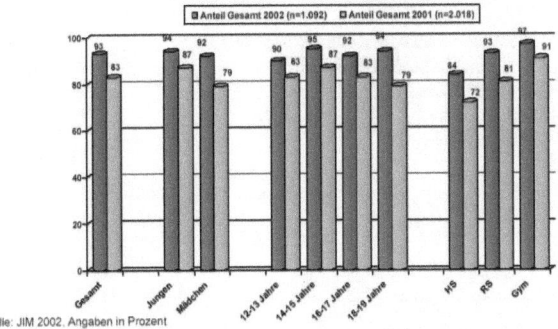

Abb. 13: Alters- und Geschlechtsverteilung der Internet-Nutzer (Quelle: JIM 2002)

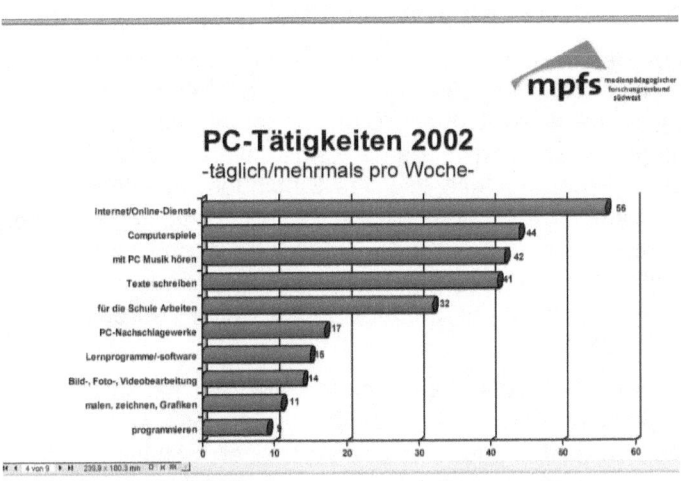

Abb.14 : Tätigkeiten im PC (Quelle: JIM 2002)

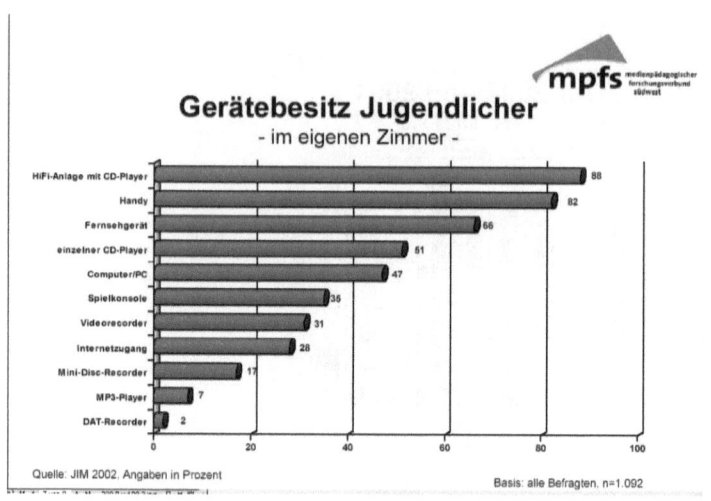

Abb.15: Gerätebesitz Jugendlicher (Quelle: JIM 2002)

1.8. Grafik-, Bild- und Videobearbeitung

Moderne Bürokommunikation schließt auch Bildbearbeitungstechniken mit ein. Auch hier ist der PC in der Lage, Bilder und Ausdruck/Einbindung in Texte zu koppeln. Dazu bedarf es nicht unbedingt eines Zeichenprogramms. Auch moderne Textsoftware wie Word oder WordPerfect haben Programmteile, die das Einbinden von Bildern und Cliparts (=kleine Symbolbilder) ermöglichen. Echtes Zeichnen mit der Maus ist jedoch eine Kunst, die nur gute Grafiker besitzen. Als Faustregel für Schüler sollte also gelten: " Eine Maus ist kein Pinsel. D.h. Bilder können zwar auf Papier gemalt und am Computer weiter bearbeitet werden, jedoch nicht" gemalt".

Nicht nur Videobilder und Sequenzen können auf den PC übertragen werden, auch digitale Kameras liefern Bilder, die am PC weiter verarbeitet werden können. Mittels großer Monitore können Schüler Grafiken leichter erstellen und bearbeiten und Animationen versehen z.B. Diafolgen zusammenstellen. (gängige Software: MS-Image-Composer, Micrografx Picture Publisher, Micrografx Magic, MS-Powerpoint).

Praxis: Bildbearbeitung mit Micrografx Magic

Im Rahmen eines erweiterten wurde eine altersgemischte Gruppe von 5 Schülern an 5 PCs in die Arbeit mit dem Bildverarbeitungsprogramm eingeführt. Neben standardisierten Bearbeitungsmöglichkeiten wie Beschneiden von Bilden, Farbänderungen und Umwandlung in unterschiedliche Bildformate (bmp, jpg,giff,tiff)

bietet das Programm auch die Möglichkeit, echte künstlerische Effekte zu erzielen. So können Fotos weichgezeichnet, verzerrt, als Relief oder als Raster ausgegeben werden. Hier sehen Sie das künstlerisch veränderte Bild einer Großstadtskyline, erzeugt von einem Schüler einer 5. Hauptschulklasse.

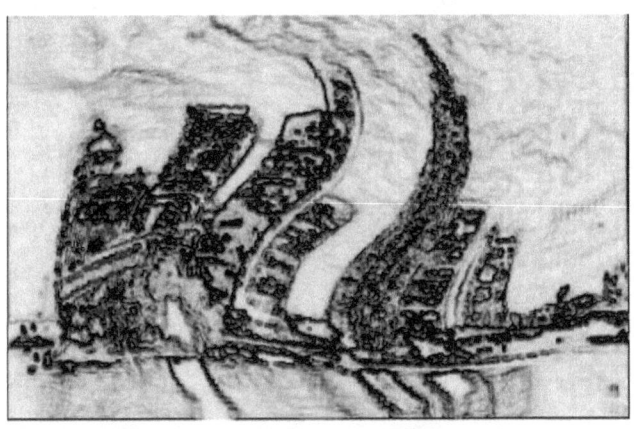

Abb. 16: Bildbearbeitungsbeispiel mit PhotoMagic

1.9. Nachschlagewerke

Eine der vielen sinnvollen Anwendungsgebiete für den PC-Einsatz sind Nachschlagewerke. Der Vorteil gegenüber klassischen Lexika besteht darin, dass nicht nur Text vorliegt, sondern dass auch Tondokumente und Filmsequenzen zu einem Thema vorliegen (..können). Interessant für Schüler, Eltern und Lehrer ist auch das Springen zwischen unterschiedlichen Wissensgebieten mit Hilfe der Querverweise. Dadurch kann der Lernstoff auf nach unterschiedlichen Richtungen hin vernetzt werden. Es kann aber ebenso leicht passieren, dass ein Schüler gänzlich vom Stoff abschweift Natürlich gibt es bei den Lexika unterschiedliche Qualitäten. Dennoch ist die Verbesserung zu beobachten. Für den Schüler/in ergibt sich noch ein besonderer Vorteil. Da das Lesen und

Schreiben erschwert ist, so kann er/sie sich aus einem Textteil einen Beitrag in seine Textverarbeitung übernehmen und sie dort auf die Vergrößerung zoomen. Im folgenden sehen sie einen Ausschnitt aus dem Leistungsumfang der Enzyklopädie Encarta 97 von Microsoft.

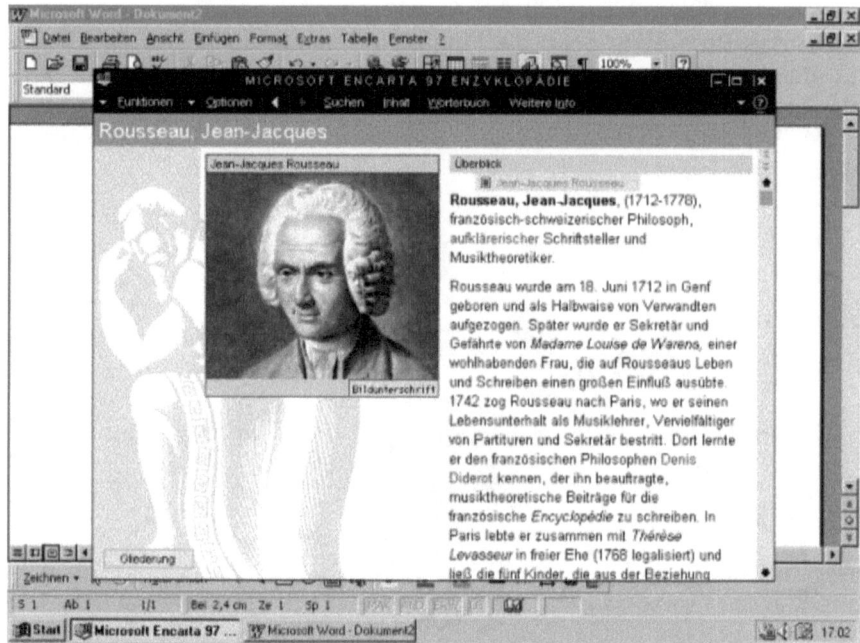

Abb. 17: Ausschnitt aus dem Nachschlageprogramm Encarta 97 von © Microsoft

In vielen anderen Bereichen gibt es ebenfalls die Möglichkeit, sich per CD Informationen zu beschaffen. So ist es z.B. im Musikunterricht schwierig, geeignete Modelle vorzuführen für die Entwicklungsgeschichte von Musikinstrumenten. Dies kann z.B. das Programm „Lexikon der Musik leisten"; außerdem ist hier optimale gelungen die Verknüpfung biographischer Daten von Künstlern, Beispiele für deren Werke (zum Anhören) und Instrumentenkunde.

Abb. 18: Musiklexikon Beispiel: Entwicklung d. Streichinstrumente

Die eigene Homepage

Abb. 19: Beispiel einer Homepage

Eine eigene Homepage zu erstellen ist nicht mehr allzu schwierig. Mit einem guten Editor, z.B. FRONTPAGE von Microsoft, können Texte, Bilder und Bedienelemente relativ einfach auf einer Seite platziert werden. Auf einer Internetseite, auf der sich die Schule darstellt, sollte auch immer Platz sein für eine Seite, die von Schülern gestaltet wird. Präsentation nach außen stärkt nicht nur die Kompetenz am Computer. Sie kann auch ein Hilfsmittel sein, um nach außen mit anderen Schülern, sogar aus anderen Ländern zu kommunizieren. Im Rahmen eines erweiterten Bildungsangebots (so in Baden-Württemberg genannt) können die Schüler sich in journalistischer Arbeit üben. Rechtschreiben, Malen und Gestalten, einmal auf andere Art

1.10 Naturwissenschaften

Auch in den Naturwissenschaften werden Hilfsprogramme angeboten. Mit einer erstaunlichen Phantasie wird z.B. das Messen von Winkeln simuliert. In der Vielzahl der Fälle handelt es sich jedoch nur um das Eingeben von Lösungen. Motivationsfördernd tritt dann irgendein Tier auf, das z.B. durch das immer höhere Klettern an einer Palme den Lernfortschritt visualisiert.. Insgesamt sind diese Lernformen für den Mathematikunterricht nur dann eine Hilfe, wenn in die Phase der individuellen Vertiefung eingetreten werden kann, d.h. wenn der Stoff schon vermittelt wurde.

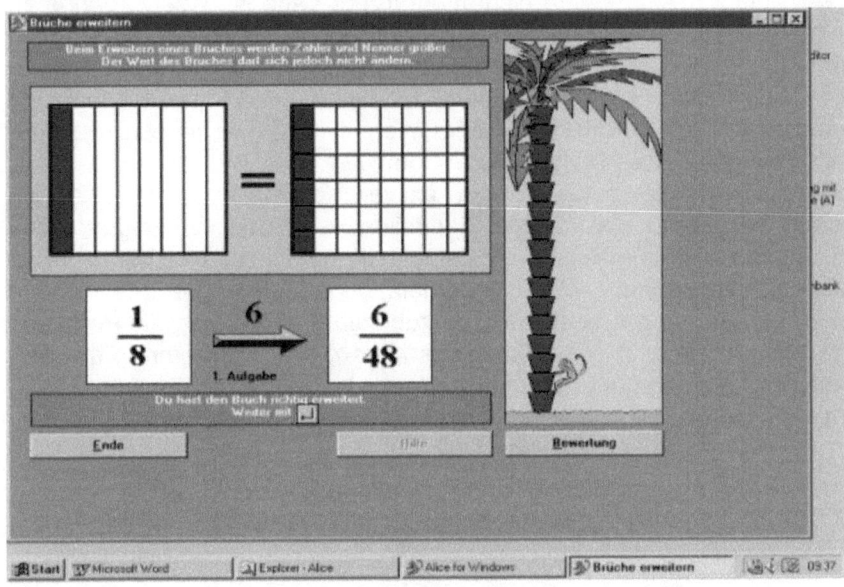

Abb.20: Bruchrechnen mit dem Programm Alice von Cornelsen Software.

Wesentlich effektiver für die Differenzierung ist ein Programm, das systematisch die Fehler des Schülers erkennt und ihn erst dann einen Schritt weiter gehen lässt , wenn der die dafür notwendigen Grundlagen begriffen hat und dies an Hand einer Übung nachgewiesen hat. Je nach Fehler kann dann das Programm nochmals nach hinten verzweigen. Das ist z.B. der Fall bei dem preisgekrönten Programm Mathe-Bits des Westermann Verlages, das seinem Leistungsumfang entsprechend auch teuer ist.

 Auch im Sekundarbereich der Mathematik gibt es Programme, die das Zeichnen, z.B. von Graphen, erleichtern oder ersparen. So wird es möglich, sich durch Probieren einer Lösung anzunähern, eigene Fehler zu entdecken.

Abb.21: Grafische Darstellung einer Wurzelfunktion im Programm Mathe-PC-Kurs (Habel)

1.11. Biologie

Im Fach Biologie geht es um die Vermittlung von Lebensvorgängen. Da die Schule in vielen Fällen nicht mehr in der Lage ist, Realvorgänge zu demonstrieren (außer einem Besuch auf einem Bauernhof, so es noch einen in der näheren Umgebung gibt), greift man auf Präparate, Schaubilder und Filme zurück. Wenn die Schule eine gute Präparatesammlung besitzt, ist dies von unschätzbarem Wert. Oft ist dies jedoch nicht der Fall. Hier kann das Multimedium Computer eine wertvolle Hilfe sein. Während Filme ein gutes Bild von aktiven Vorgängen liefert, ist es am Computer möglich, vergrößerte Standbilder von Details zu zeigen, diese zu animieren (d.h. in Bewegung darzustellen) oder mit Hotspot (Anklickflächen, hinter denen sich noch vertiefende Erläuterungen oder weitere Bilder verbergen) gut strukturiert darzubieten. Für Schüler, die Probleme mit der Handhabung des Mikroskops haben, sind Programme, die eine sehr gute Aufbereitung biologischer/genetischer Zusammenhänge bieten, eine besonders gute Hilfe.

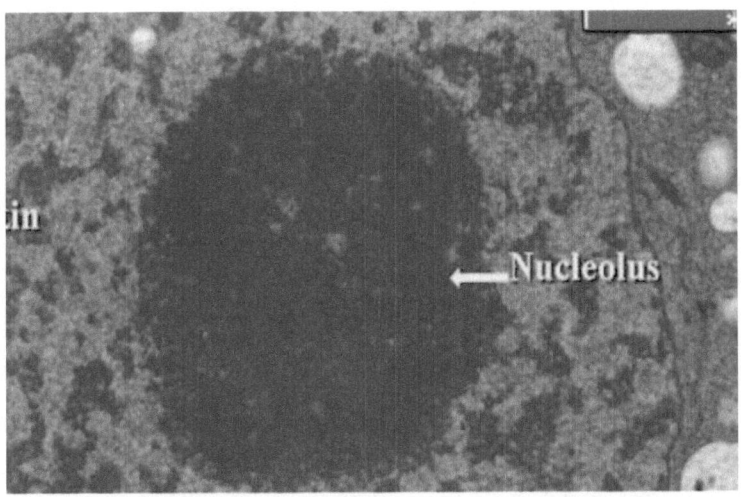

Abb. 22: Ausschnitt aus dem Programm „Biologica" (mentor)

Andere Programme bieten die Möglichkeit, z.B. Körperorgane dreidimensional darzustellen und sie auch nach allen Richtungen zu drehen. Auch Videoclips ergänzen das Angebot an Informationen. Als Beispiel sei hier das Programm Bodyworks genannt, das jedoch bisher nur in einer US-amerikanischen Fassung vorlag.

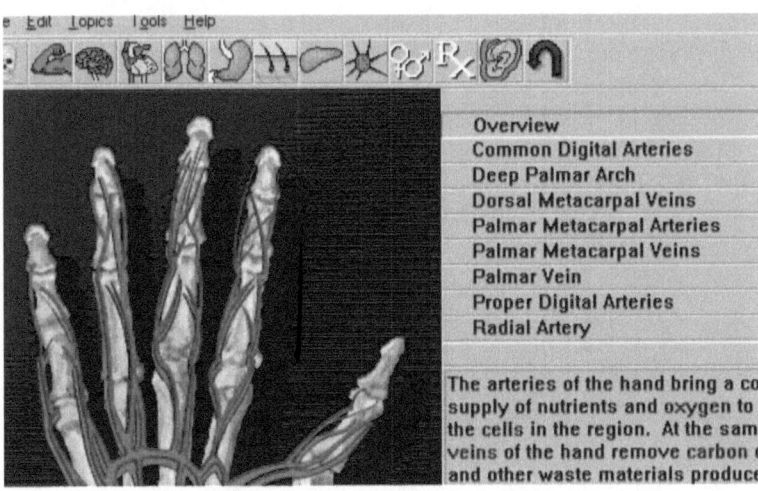

Abb.23: Blutgefäße der Hand im Programm Bodyworks 3.0.

1.12. Berufliche Qualifikation am Beispiel Elektrotechnik (Physik)

Kenntnisse über elektronische Schaltkreise sind heutzutage eine grundsätzliche Voraussetzung für das Verständnis moderner Technologien. Oftmals kann jedoch eine Wissensmangel auf diesem Gebiet verzeichnet werden. Warum? Im täglichen Leben haben wir viele Möglichkeiten, uns mit den Grundlagen der Mechanik vertraut zu machen. Schaltkreise hingegen entziehen sich dem unmittelbaren Anschauungs- und Erfahrungsbereich. Die herkömmlichen Lernmethoden bedienen sich mathematischer Modell, um Grundlagen der Elektrizität und Elektronik zu vermitteln. Solche Modelle sind für Wissenschaftler und Techniker, die eine einhergehendes Verständnis dieses Fachgebietes anstreben, sicher wichtig, schrecken aber den normalen „Laien" ab. Hier hilft eine qualitativere Methode, um das Thema für ein breiteres Publikum anschaulicher zu gestalten. Crocodile Clips ist ein Programm, das für diesen Zweck entwickelt wurde. Professionelle Konstrukteure elektrischer und elektronischer Schaltkreise verwenden seit vielen Jahren Computer, um ihre Entwürfe zu simulieren. Diese Methode stellt sicher, dass ein neues Produkt einwandfrei funktioniert, bevor ein teurer "echter' Prototyp konstruiert wird. In den Bildungsstätten verlässt man sich aber auch heute noch auf praktische Versuche im Labor, um Schaltkreisgrundlagen zu vermitteln. Diese Methode kann jedoch langsam und unzuverlässig sein.

Crocodile Clips ist ein Echtzeit-Schaltkreissimulator, der die unsichtbaren Vorgänge in einem Schaltkreis durch grafische Animation darstellt. Wenn Sie eine Taschenlampe einschalten, sehen Sie das Licht angehen. Schalten Sie eine Lampe in Crocodile Clips ein, sehen Sie ebenfalls das Licht. Darüber hinaus, "sehen" Sie den Strom, der durch die Lampe fließt, sowie den Spannungsabfall über den Verbraucher. Wird eine zu hohe Spannung angelegt, dann brennt die Lampe durch, genau wie in Wirklichkeit.

Crocodile Clips ist ganz einfach zu gebrauchen. Sie zeichnen einen Schaltkreis, indem Sie die Bauelemente aus einer großen Bibliothek wählen und per "drag & drop" auf den Bildschirm platzieren. Dann betätigen Sie Schalter, ändern Werte, fügen andere Bauelemente hinzu und beobachten das Verhalten des Schaltkreises.

Crocodile Clips hat einen Satz Musterschaltkreise, mit denen Sie üben können. Diese demonstrieren eine Reihe von Themen \Nie das Ohmsche Gesetz oder Diodengleichrichtung. Das Programm ist für Personen ab 10 Jahren gedacht.

Da das Programm eine einfache Benutzerführung hat und einen großen Umfang an Bauteilen, lassen sich damit in kurzer Zeit Schaltungen am Bildschirm aufbauen. Die Tatsache, dass es keine fehlerhaften Bauteile oder lose Verbindungen geben kann, erleichtert die Arbeit und motiviert. Ob eine Schaltung funktioniert bzw. weiche Fehler auftreten, das wird visualisiert durch graphische Animationen (Anzeige der durchfließenden Ampere) bzw. durch Leuchten von Lampen, Drehung von Motoren. Schalter und Regler werden mit der Maus geschaltet. Zu hohe Spannungen, falsche Schaltungen und Bedienungsfehler führen zu einer simulierten Zerstörung des entsprechenden Bauteils.

Crocodile-Clips ist ein gutes Beispiel für den Transfer traditionellen naturwissenschaftlichen Wissens auf den PC, wobei echte Arbeitsentlastung für Schüler und Lehrer mit spielerischen Elementen gekoppelt werden.

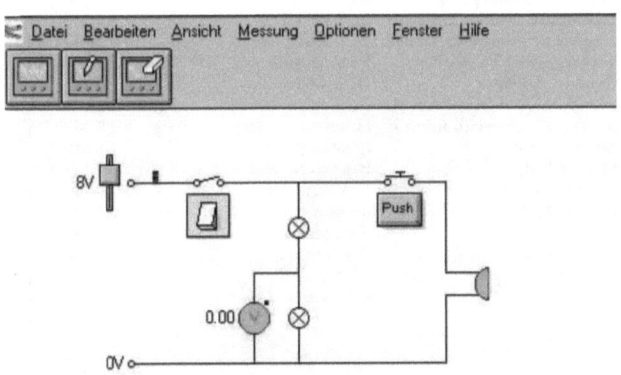

Abb. 24: Muster-Schaltung mit Crocodile-Clips

1.13. Berufliche Qualifikation am Beispiel von Datenbankrecherchen

Die Arbeit mit Datenbanken gehört heute zum Standart beruflicher Tätigkeiten, nicht nur im kaufmännischen Bereich. Während es hier um die Überprüfung von Lagerständen, um kurzfristige Disposition oder um einer Lagerhaltung nach den Standorten von Frachtfahrzeugen, von untereinander konkurrierenden Anbietern von Transporten in einer Datenbank gesucht. Aber auch für den täglichen Bedarf bieten Datenbanken eine Orientierungshilfe, auf die man nicht gerne verzichten möchte. Sei es, dass man eine Kochrezept, eine günstige Versicherung oder ein Buch sucht. Im wissenschaftlichen Bereich ist es sogar unumgänglich, eine Literaturdatenbank zu konsultieren, um Lieferenten, Preise und Standorte von Fachbüchern rasch herauszufinden. Hier ein Beispiel: Auf das Stichwort „Geographie" hin liefert eine Literaturdatenbank folgenden Bildschirm.

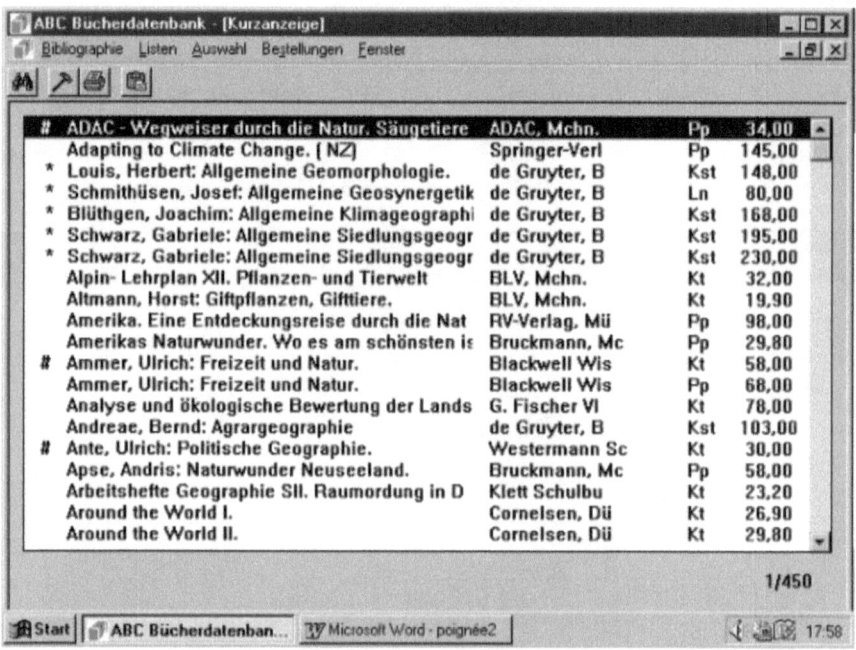

Abb. 25: Datenbankbeispiel: Bücherdatenbank

Datenbank- Programme werden und wurden in kaufmännischen Schulen meistens an dem Standart DBASE erprobt. Das Programm bietet einen einfachen Einstieg über einen „Assistenten" der die Eingaben erleichtert. Das Programm, das noch unter DOS läuft, hat auch einen eigenen Editor, der es erlaubt zu programmieren. Ein neuere Variante ist die Version von DBASE, die unter Windows läuft sowie das Microsoftprodukt Access das ein Autorensystem darstellt Autorensysteme erlauben es auch dem Nicht-Programmierer nicht nur Algorithmen (Rechenoperationen) zu programmieren, sondern auch Bedienungselemente unter Windows wie z. B. Schalter und Eingabefelder zu erzeugen.

1.14. Autorensysteme

Autorensysteme stellen die Vereinfachung von Programmierung dar. Es ist heute möglich, sich seien eigene Software zu erstellen. Dazu bieten die verschiedenen Anbieter (Datenbanksysteme wie z.b. DBASE, Textverarbeitungssysteme wie Lotus AmiPro, Microsoft Word oder Wordperfekt sowie Tabellenkalkulationsprogramme einen je eigenen Zugang, wobei sich die Programme immer ähnlicher werden. Während Tabellenkalkulationsprogramme Grafiken einbinden lernen, kann man Bilder, Grafiken und Hypertexte (Verweise auf andere Texte oder Textstellen im Text in Form von möglichen Sprüngen) in Textverarbeitungsprogramme einbauen. Schon lange besteht die Möglichkeit, sich ständig wiederholende Handgriffe mittels kleiner Programme, Macros genannt, zu einer automatisierten Routine werden zu lassen.

Es gibt aber auch spezielle Autorensysteme, die es ermöglichen, Texte, Animationen, Bilder, Musik und sogar Videoclips in ein eigenes Programm einzubauen, z.B. ein eigenes Sprachlernprogramm zu erstellen. Diese Möglichkeit, die für Schüler einen spielerischen Reiz hat, ist für den Lehrenden insofern von Interesse, daß er die besonderen Bedürfnisse einer Klasse oder eines/r Schülers/in berücksichtigen kann.. Außerdem könnte man für Schüler, deren bevorzugter Informationskanal z.B. das Visuelle ist, zu neuen Wörtern Bilder darbieten, andere könnten Wörter vorgesprochen bekommen. Die Sache hat allerdings noch einen Schwachpunkt, der sich jedoch im Laufe der nächsten Jahre erledigen dürfte: Es gibt noch zu wenige Disketten, die das „Rohmaterial" für eine Programmerstellung liefern. Notwendig wären Aussprachedatenbanken z.B. Deutsch-Englischer-Grundwortschatz, oder Bilderdatenbanken für verschiedene Unterrichtsthemen. Bekannte Autorensysteme sind Medi8tor und Macromedia, Visual Basic, Authorware und Toolbox. Inzwischen (1999) werden auch vereinfachte Autorensysteme für Lehrer zur Erstellung von Arbeitsblättern unter Windows angeboten.

Hier sehen sie ein vereinfachtes Beispiel für ein " selbstgebasteltes" Musiklernprogramm mit Bild, Aussprache und begleitender Textinformation, erstellt mit dem Programm Medi8tor.

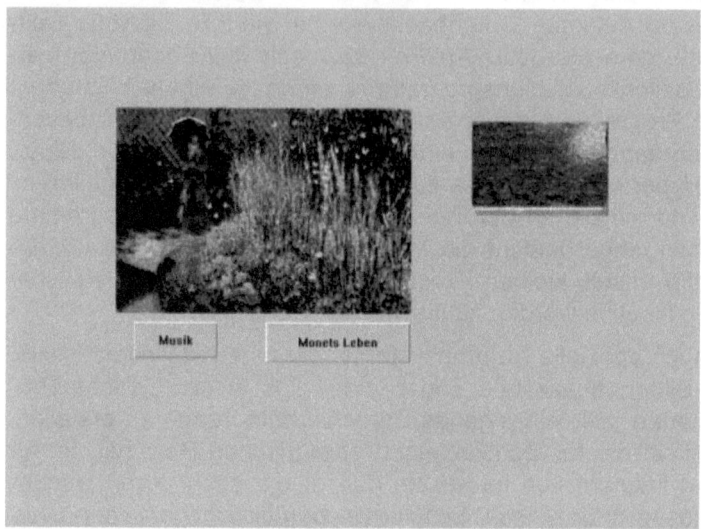

Abb.26: Autorensystem Medi8tor (Selbsterstellte Musteranwendung)

Autorensysteme sind absolut notwendig, wenn man den Begriff der Interaktivität ernst nehmen will. Die Adaption von Programmen an die Bedürfnisse des Benutzers haben Priorität. Die großen Hoffnungen, die in dabei in Autorensysteme gesetzt werden, hat Kerres in vielfacher Hinsicht zerstören müssen. Er schreibt:

„Trotz des Komforts der Benutzeroberfläche derartiger Autoren- und Hypertextsysteme weisen die gängigen Entwicklungswerkzeuge einige grundsätzliche Defizite auf, die in der Regel bereits bei mittelgroßen Projekten deutlich werden, insbesondere bei:

- Modifikation bestehender Anwendungen durch Erweiterungen und Neuerungen
- Adaption bestehender Anwendungen an veränderte Fragestellungen und Benutzergruppen
- Weiternutzung bestehender Anwendungen für Neuentwicklungen (reusability) sowie
- Management umfangreicher Sammlungen von Lehr-Lernmaterialien.

Diese Aspekte des Software-Lebenszyklus werden relativ unbefriedigend unterstützt, was sich in vergleichsweise hohen Koste in diesen Bereichen niederschlägt. Verantwortlich -sind eine Reihe grundsätzlicher Mängel der Softwaretechniken entsprechender Entwicklungswerkzeuge *(Syntaxfehler im Original* d.Autor). (vergl. Yazdani 1990; Wasson 1992). Insgesamt zu bemängeln ist die weiterhin niedrige Produktivität der Softwaretechnologie sov4ie die vielfach geringe didaktische Qualität der produzierten Medien." (Kerres, 1995, S. 39).

Welch hochkomplizierte Konzeptions- Produktions- und Testphasen ein Multimediaprodukt durchlaufen muss, um erfolgreich am Markt zu sein hat Kerres ausführlich beschrieben:

„In der Produktion der Multimedia-Quellen ist die digitale Be- und Verarbeitung von Informationen weit fortgeschritten, in vielen Bereichen bereits selbstverständlich. Die Wiedergabeplattform, auf der die Anwendung laufen soll, steht für den Entwickler hierbei im Hintergrund, da viele Schritte der Multimediaproduktion unabhängig von der späteren Wiedergabeplattform realisiert werden.

Die für die Produktion der Multimediaquellen notwendigen Technik ist deutlich komplexer ist als die für die Wiedergabe erforderliche Hardware. Es reicht keineswegs aus, über z.B. Hardwareerweiterungen zu verfügen, die Bewegtbilder digitalisieren. Notwendig ist eine umfangreichere Umgebung, die ein hochwertige Signalverarbeitung in allen Stufen garantiert.

Entsprechende Komponenten der analogen wie digitalen Verarbeitung von Audio und Video veralten - angesichts des aktueller Innovationstempos -schnell. Hinzu kommt, dass das Einrichten und Betreiben der entsprechenden Ausrüstung in vielen Fällen einen erheblichen Aufwand mit sich bringt uni eine Reihe von Risiken impliziert, die mit der Komplexität und vielfach Unausgereiftheit von Hard- und Software zusammenhängen. Angesichts des technischen Aufwandes und des finanziellen Risikos, einen Multimedia-Produktionsbetrieb als "Full-Service-Agentur" mit Ton- und Videostudio (Produktion und Post-Produktion), Grafikabteilung, Digitalisierung, Programmierung, Mastering bis hin zur Konfektionierung zu betreiben, sind nur wenige derartige Studios anzutreffen. Deswegen kann die Produktion auf verschiedene spezialisierte Studios aufgeteilt . werden. Dabei fallen Koordinationsaufgaben an, die neben den konzeptuellen, technischen und gestalterischen Fragen vor allem um die Projektorganisation und das Qualitätsmanagement zentriert sind (teilweise dargestellt in: Bunzel & Morris, 1992; Philips 1990; Kerres, 1993).

Es \wird deutlich, dass der Aufwand für die Produktion einer professionellen Multimedia Anwendungen nicht unterschätzt werden darf. Wurde in der Vergangenheit teilweise angestrebt, dass derartige didaktische Medien von Lehrern als Eigenentwicklung (mit stark eingeschränktem technischen Produktionsmöglichkeiten) realisiert werden, so hat innerhalb der letzten fahre eine zunehmende Professionalisierung eingesetzt. Heute findet die Produktion von Multimediaanwendungen üblicherweise in multidisziplinären Teams mit weitgehend spezialisierten Fachkräften statt."(Kerres, 1995, S. 37).

Die im gleichen Band von Klimsa beschworene Beteiligung von Entwickler, Lehrer und Lernen am der Ausgestaltung des Lernmediums wird somit zur Makulatur. (vergl. Klimsa, ebd., S. 21.) Eine Beteiligung von Lehrer und Schüler an der Entstehung und Adaption findet bestenfalls in der Feldtestphase für die Software statt. Die Möglichkeiten für den Lehrer liegen also höchstens darin, mit großem Aufwand und Einsatz mit Hilfe eines Autorensystems drittklassige Software zu erstellen. Trotzdem wäre es ein interessanter Unterrichtsversuch, Schüler selbst mit einem Autorensystem ein Lernprogramm zu einem Unterrichtsthema entwerfen zu lassen, wobei sich der Aspekt des , learning by doing mit dem eines praktischen Ziels (Vorführung, Nutzung für die nachfolgenden Klassen) verbinden ließe.

Ebenfalls größtenteils ungelöst ist das Problem der benutzerfreundlichen Navigation. Der Ein- und Ausstieg aus einem Programm mag für Programmierer etwas Nebensächliches sein, für die schulische Praxis ist er enorm wichtig. Immer dann, wenn eine Besprechungsphase in einer Klasse beginnt, ist es wichtig, dass die Schüler ihren PC ad hoc ausschalten können. Dennoch sollte es möglich sein, den Lernspiel-Stand zu fixieren, so dass der Schüler jederzeit wieder an seiner letzten Aufgabe anknüpfen kann.

1.15. Intranet-Möglichkeiten (LAN)

Ein lokales Rechnernetz verbindet computerisierte Endgeräte, wobei hohe Datenübertragungsraten (Tendenz 100 Mbits) mit speziellen Zugriffssteuertechniken (CSMAJCD, Token-Ring) verwendet werden. Um die hohen Anforderungen an Datenübertragung zu ermöglichen, werden Koaxialkabel (wie beim Fernsehen), Verdrillte Telefonleitungen (sog. twisted pair) und in Zukunft- vor allem bei Netzen über größere Entfernungen Glasfaserleiter verwendet.

Auch für die Schule werden inzwischen Netze eingeführt. Initiativen der freien Wirtschaft unterstützen sie dabei. So liefert sowohl die Firma Novell als auch die Firma Microsoft ihre Produkte (IntranetWare bzw. WindowsNT an Schulen wesentlich verbilligt.(sog. Schullizenzen)

Grundsätzlicher Vorteil einer Netzinstallation ist die Möglichkeit, Software nur einmal auf dem Zentralcomputer (sog. Server) zu installieren und damit Kosten zu sparen, wobei sich Firmen die Netzwerkfähigkeit ihrer Software auch bezahlen lassen.

Gleichzeitig ergibt sich für die Schulen ein nicht zu unterschätzender Nachteil, denn trotz der gepriesenen Vorteile des Computer-Gebrauch sieht die Schulverwaltung bislang nicht ein, daß eine Netzwerkverwaltung Arbeitszeit kostet. Wenn ein Schulnetz über 30 Arbeitsplätze verfügt, so müsste die Wartung (Support) wie in der freien Wirtschaft durch eine Fachkraft bezahlt werden.

Aber es bleibt zu hoffen, dass dies nur Anlaufschwierigkeiten sind. Welches sind denn nun die konkreten Vorteile und Möglichkeiten, die sich aus der Verwendung eines Netzwerkes ergeben?

1. Ohne eine geeignete Software dürfte ein Netzwerk wenig mehr bringen als der normale' Gebrauch von PCs. Die Möglichkeit, sich im Netz Briefchen(Mails) zu schreiben, kann es nicht sein. Wenn ich im nächsten Klassenzimmer den Kommunikationspartner persönlich ansprechen kann. Natürlich kann man das Netz als Vorbereitung für die künftige Arbeitswelt ansehen. Und in dieser werden Firmennetze- mit oder ohne Einbindung des Internets- eine wichtige Rolle spielen. Schon lange werden Bestellungen und Briefe zwischen Zentrale und Tochterunternehmen nicht mehr per Post auf den Weg gebracht, sondern man korrespondiert bzw. Tauscht Daten (Kundenwünsche, Bestellungen, Statistiken) über das Firmen-Intra-Net aus.

2. Ein weiterer - wenn überhaupt einzig sinnvoller Einsatz besteht dagegen darin, Arbeitsmaterialien auf dem Zentralrechner vorzuhalten und allen Schülerinnen zur Verfügung stellen zu können. Konkret: Der Lehrer/in hat einen Lückentext als Lernzielkontrolle erarbeitet, so kann sie ihn in den SERVER eingeben. Von dort kann ihn jede/r Schüler/in sich zu einer Zeit auf den persönlichen Computer holen, wenn sie ihn bearbeiten möchte. Arbeitsmaterialien sind natürlich auch Übungsprogramme (s. weiter oben) oder Lexika.

3. Eine weitere Hilfe für den Unterricht sind Bildschirm-Verbundsysteme wie z.B. MastersEye. Damit kann sich der Lehrer in die Bildschirmarbeit seiner Schüler einschalten. Er kann einen Text, eine Hilfe, auf den Bildschirm der Schüler übertragen. Dabei ist es möglich, dass der gesamte Lehrerbildschirm übertragen wird oder nur als Fenster, so dass der Schüler parallel an seiner Aufgabe weiter arbeiten kann.

Dabei können wichtige Einzelheiten farbig markiert werden, -um mehr Aufmerksamkeit zu erregen- wie Farbe an der Tafel. Auch der Bildschirm eines Schülers/in kann an die Mitschüler weitergeleitet werden. Letztlich kann der Computer des Schülers auch kurzfristig gesperrt werden, wenn der Lehrer etwas an der Tafel oder persönlich demonstrieren will.

Ein nicht unbeträchtlicher Aufwand im ständigen Wandern zwischen den Bildschirmen entfällt dadurch. Das mag in kleinen Sonderschulklassen nicht so relevant sein, sehr wohl aber bei größeren Klassenfrequenzen.

Projektorientiertes Lernen wird erleichtert. Gemeinsam kann auf Datenbestände zugegriffen werden, die die Lösung von Problemen ermöglichen, die – wie heute meist erkannt – ein „vernetztes Denken" erfordern.

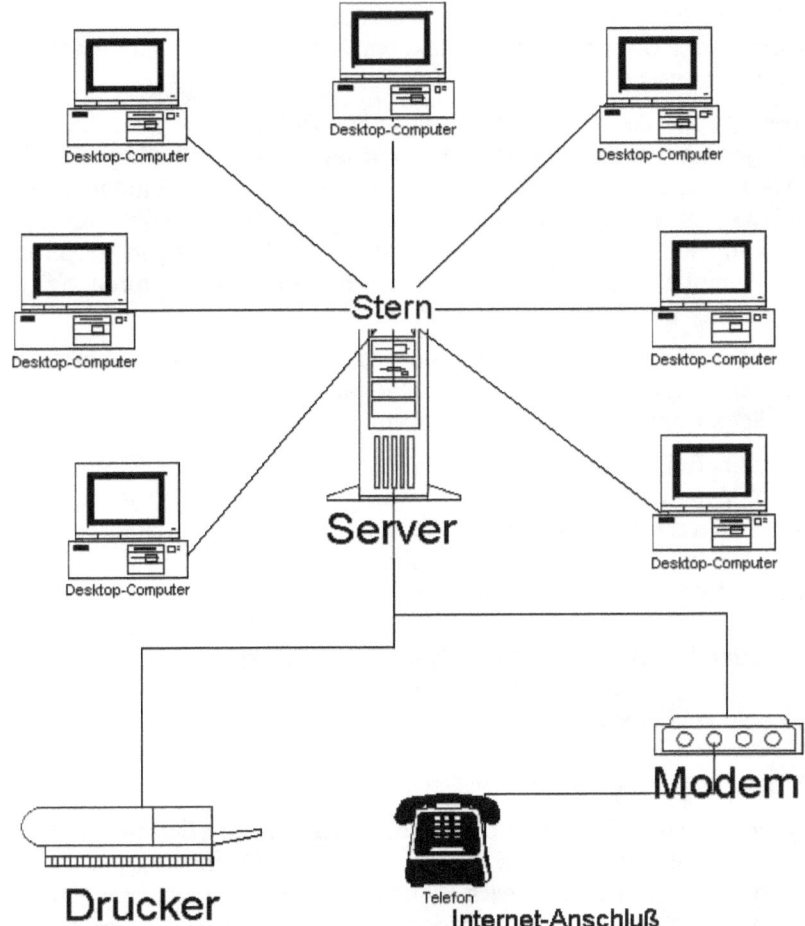

Abb. 27: Mögliche Netzwerkarchitektur

1.16. Teleteaching

Viele Hochschulen und Pädagogische Hochschulen experimentieren inzwischen mit der Möglichkeit des Teleteaching. Dabei sponsert die Deutsche Telekom Studenten, indem sie für Bereitstellung und Wartung von Leitungen zur Hochschule Beträge beisteuert. Damit sollen z.B. an der Universität Karlsruhe die Studienabläufe vereinfacht werden. Es ist z.B. möglich, mit den Lehrkräften mittels eines Emails in Verbindung zu treten. Eine weitere Möglichkeit ist das Abfragen von Prüfungsordnungen, der Studienpläne, von Fachwörterbüchern sowie das Bestellen von Büchern in der Universitätsbibliothek. Natürlich sind die momentan noch teuren Ortstarife nach wie vor ein Handicap.

Mit der Aktion soll der Stau vor den universitätseigenen Internetzugängen abgebaut werden. Längerfristig wird jedoch auch überlegt, ob über das Netz Videoaufzeichnungen von Vorlesungen an die Studenten vermittelt werden könnten. Diese Vorstellung macht allerdings nur dann Sinn, wenn es sich um naturwissenschaftliche Vorlesungen mit praktischen Demonstrationen handelt, ansonsten wäre eine Verbreitung des Skripts sicher ökonomisch sinnvoller.

Am weitesten hat die Fernuni Hagen das System des Teleteaching entwickelt. Dort ist die " virtuelle Universität' tatsächlich weit entfernt und der persönliche Kontakt muss nicht mehr stattfinden.

An diesem Beispiel ist die Zielrichtung der politischen Entwicklung abzulesen. Verinselte Studenten sollten ohne Hörsäle und ohne Dozenten arbeiten, die Leistungen mittels Abfrageprogrammen erledigt werden, Gelder eingespart werden. Trotz der möglichen Gründung von Lerngemeinschaften dürfte dieses Modell unrealistisch sein, weil Lernen immer auch einen kommunikativen Teil enthält. Rückfragen und Verstehen auch , „Darüber-Sprechen" fallen hier weg. Während visuelle Lerntypen damit wenig Probleme haben werden, dürfte sie für andere Lerntypen unergiebig sein.(vergl. Vester, 1978)

- *Computer based training*

Für viele Firmen ist es ein Problem, seiten anfallende Geschäftsvorfälle den neuen Mitarbeitern nahe zu bringen. Auch für die Ausbildung der Lehrlinge ist es notwendig, eine Einführung in die betrieblichen Abläufe zu geben. Die betrieblichen Ausbilder können seit einigen Jahren auf das Computer based training zurückgreifen. In Unternehmen mit mehr als 100 Mitarbeitern ist es inzwischen schon rentabel, sich solche Software. maßschneidern zu lassen. Die Firma Mainware z.B. bietet solche Programme. Durch Videoszenen, die beliebig oft wiederholbar sind, kann das Wissen anschaulich gemacht werden, ohne daß leidvolle" Erfahrungen" in der Praxis gemacht werden müssen. Das kann sowohl die Angebotspalette der Firma sein als auch der richtige Umgang mit dem Kunden in einem Verkaufsgespräch.

Ein weiterer Schwerpunkt sind Programme, die unternehmerische Vorgänge mit Simulationen sichtbar macht. Entscheidungen, deren Konsequenzen normalerweise erst nach Monaten oder Jahren sichtbar werden, können dadurch vor Augen geführt und wieder revidiert werden. Vor allem der betriebswirtschaftliche Bereich ist hier angesprochen. Die Verschachtelung von Rechnungswesen (Abrechnungen, Buchhaltung, Bilanzen, Cash-flow) mit Marketing (Förderung des Verkaufs, Verkaufskonditionen, Personaleinsatz für die Kundenbetreuung) und Produktion (Anpassung an Kundenwünsche, Entwicklungskosten usw.) sowie Lagerhaltung (Minimierung der Kosten, just-in-time-Produktion, Liefergenauigkeit, Outsourcing) kann hier dargestellt werden.

Die Kontrolle der Lernleistung erfolgt hier nicht nur durch Abfragen im Programm, sondern durch konkrete Treffen von Lehrgangsteilnehmern. Ansonsten muss diese Unternehmens- Simulationssoftware so konzipiert sein, dass sie völlig selbständig bearbeitet werden kann. Die Lernvoraussetzungen sind natürlich höher aus bei Schülern. Ein selbständiges Arbeiten, das die Verwendung von Lexika und Computer- Datenbanken einschließt, wird hier vorausgesetzt.

- *Spiel mit Lerneffekt*

In der Literatur wird die Vermutung geäußert, dass die Beschäftigung mit dem Computer einerseits die kognitiven Fähigkeiten trainiert, andererseits eine Art von „Digitalisierung" des Denkens fördert.(vergl. Weizenbaum 1977; Papert 1985). Es fehlen allerdings Langzeitstudien, die belegen könnten, ob logisch-mathematische Fähigkeiten langfristig durch die Computernutzung gefördert werden können. (Heijl 1988; Noller/Paul 1991). Durch den spielerischen Umgang mit dem Multimediacomputer dürfte bei vielen Schülern jedoch die Freude am problemlösenden Denken gefördert werden. Dies soll am Beispiel des neuartigen Spiels. „Moving Puzzle" von Ravensburger erläutert werden. Bei "Moving Puzzle" handelt es sich zwar um ein Puzzle, das durch Mausbewegungen zusammengesetzt werden soll. Das Puzzle ist jedoch ein kurzer, zerlegter Videofilm, so dass sich die 9-12 Teile ständig verändern. Daneben läuft noch eine Unterhaltungsmusik. Je nach Level (=Schwierigkeitsgrad) sind die Teile nicht nur verschoben, sondern auch noch gedreht. Das räumliche Vorstellungsvermögen wird extrem gefordert, ebenso das logische Denken („ wieviele Kombinationen sind nun möglich ... „). Stärker noch als viele andere Spiele fördert es ein schnelles Reagieren auf visuelle Reize. Da das Anspruchsniveau hoch ist, sollte das Spiel erst ab der siebten Klasse verwendet werden. Je nach Leistungsvermögen des/ der Schüler/in kann dann das entsprechende Niveau gewählt werden. Stresssymptome sind natürlich nicht auszuschließen. Entsprechend müssen Spielpausen feste Bestandteile des Unterrichts sein.

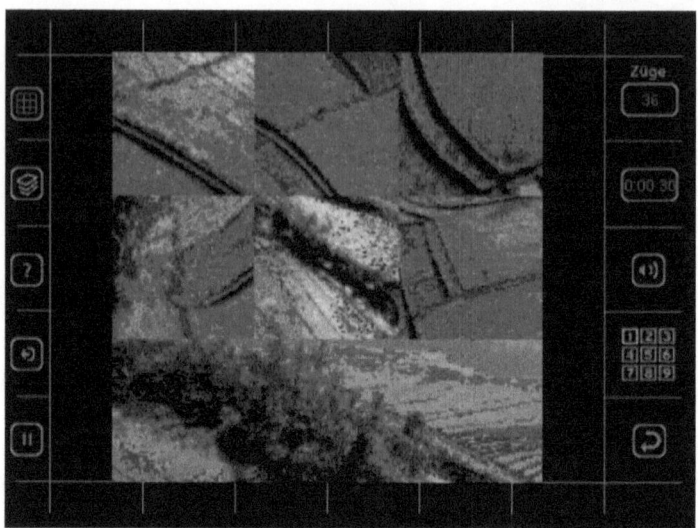

Abb. 28: „Spielsoftware" Moving Puzzles

Eines der gelungensten Lernspiele – ohne Adventure-Charakter ist das Programm „Petterson und Findus". Hier werden immer neue Aktivitäten angeboten, die sowohl unterschiedliche Sinnesmodalitäten als auch verschiedene Altersgruppen ansprechen können. Es können Melodien mit verrückten Instrumenten komponiert werden, es können Gegenstände gesucht, gerechnet, gespielt und sprachliche Fertigkeiten erprobt werden. Die unten stehende Abbildung zeigt das Spiel „Hobeldieb": Das Aussehen des Diebes muß, gesteuert durch sprachliche Anweisungen im try and error – Prinzip rekonstruiert werden, ehe der Dieb ins „Gefängnis" kommt. Spiel, Witz und kindgerechtes Arbeiten sind hier verknüpft. Ebenso ist die Benutzerführung durch die Figuren „Findus" und „Pettersen" sowie durch EXIT (Fenster) sehr gut.

Abb. 29: Spielprogramm „Petterson und Findus"

1.17. Mediendistribution – Das Projekt Sesam (mit freundlicher Genehmigung von Herrn Dr. Jacklin, Landesmedienzentrum Baden-Württemberg)

Aus dem offiziellen Projektantrag, der vom Kultusministerium Baden-Württemberg und der Landesstiftung Baden-Württemberg genehmigt wurde:

SESAM - "Server für schulische Arbeit mit Medien"

Ein Pilotprojekt zur Online-Distribution von Medien im Rahmen des Teilprojektes Nr. 1 "Bereitstellung schulgeeigneter multimedialer Inhalte und multimedialer Lernsoftware; innovative schulische Projekte" der Medienoffensive Schule II

1. Vorbemerkungen

Die digitale Technik hält mehr und mehr Einzug in den Schulen. Mit zunehmender Ausstattung der Schulen werden sich auch die traditionellen Aufgabenbereiche der Medienzentren verändern. Dies betrifft nicht nur Fortbildungsangebote und den Geräteverleih, sondern ganz besonders auch das Aufgabenfeld des Medienverleihs.

Die Stadt- und Kreismedienzentren und das Landesmedienzentrum bieten im Medienbereich vielfältige Dienstleistungen insbesondere für Schulen und andere Bildungseinrichtungen an. Ein wichtiger Schwerpunkt dabei ist die "Mediendistribution", also der Verleih von Medien, der Erwerb und die Weitergabe von Nutzungslizenzen und Trägermedien und der Verkauf von Medien. Dieser Bereich der Mediendistribution fällt in den kommunalen Bereich.

Die Mediendistribution wird künftig neue Wege beschreiten: Neben dem "klassischen" Medienverleih für analoge und digitale Medien wird die Distribution von Medien über das Internet bzw. andere elektronische Verteilungswege ("Online-Distribution") immer größere Bedeutung erlangen. In beiden Fällen ist es Aufgabe der Medienzentren, die hierzu erforderlichen Lizenzen zu erwerben und die Distributionswege zu organisieren sowie am Unterhalt und Betrieb der erforderlichen technischen Struktur mitzuwirken.

Bereits heute ist vorhersehbar, dass in den kommenden fünf Jahren die Bandbreite der Leitungen deutlich steigen wird. Ähnliche Entwicklungen sind im Bereich der Speichermedien zu erwarten. Mit einem Projekt zur Online-Distribution von Medien möchte das LMZ erstmals eine Entwicklung der digitalen Technik antizipieren.

Neben dem Projekt "Internetgestützte Medieninformation und Medienverwaltung" verfolgt dieses Projekt eine völlig andere Zielsetzung, nämlich die Online-Distribution von Medien und nicht die Medieninformation und -verwaltung.

2. Intention/Perspektiven

Mit diesem Projekt wird versucht, durch die Online-Distribution erhebliche Ressourcen, vor allem für die Kommunen, einzusparen und durch die Projektmittel auch Entwicklungskosten für regionale Projekte in diesem Bereich zu vermeiden. Auch durch die mittelfristig zu erwartenden deutlichen Veränderungen im Ausleihverfahren der Nutzerinnen und Nutzer können sich erhebliche Einsparungen bzw. andere, mehr regional definierte Aufgaben für die Stadt- und Kreismedienzentren ergeben. Während schon traditionell das LMZ die Medien für die Stadt- und Kreismedienzentren erschließt, können durch dieses Projekt auch zentrale Beschaffungsmaßnahmen oder Lizenzierungsmodelle erprobt und durch diese Online-Distribution wesentlich intensiviert werden, und können künftig zu Einsparungen bei den Kommunen führen.

Der Zeitpunkt scheint richtig gewählt. Auch in den Schulen und einigen Kreismedienzentren, die das LMZ im Vorfeld angesprochen hat, ist das Interesse am Projekt sehr groß, schon früh die Vorteile der digitalen Technik zu erproben, obwohl umfangreiche Hardwarevoraussetzungen gefordert werden. Ganz entscheidend wird sein, dass sich das Projekt am an Schulen verfügbaren technischen Standard orientiert, aber auch, dass die technischen Möglichkeiten die sinnvolle Übertragung großer Datenmengen (Filme) erlauben.

In diesem Projekt soll nicht nur ein Medienangebot online vorgehalten, sondern vor allem auch nach Lösungen gesucht werden, die Online-Mediendistribution unter Einbeziehung von Stadt- und Kreismedienzentren in der Fläche anzubieten. Durch eine Kooperation mit den Hochschulen sollen technische Fragen einer solchen Umsetzung sowie das Nutzungsverhalten der Medienzentren und der Schulen evaluiert werden. Über dieses Projekt könnten Schulträger, Medienzentren und Schulen auch erweiterte Zugänge zum großen Bildarchiv des LMZ erhalten.

Dies alles erfordert den Aufbau einer gewissen „eigenständigen Struktur", in der z. B. in Form eines Büros die Arbeiten in den jeweiligen Arbeitsfeldern erledigt werden können, gleichwohl Erfahrungen und bewährte Materialien des LMZ einfließen werden.

Auf der technischen Seite liegt zweifellos der Schwerpunkt; ein Techniker ist notwendig, der ein umfangreiches Aufgabenfeld zu bewältigen hat, u. a. sind dies:

- Betreuung der Netzarchitektur
- Betreuung des Serverbetriebssystems
- Betreuung eines Forums, das z. B. den schnellen Austausch zwischen LMZ und den kommunalen Medienzentren gewährleistet
- Gewährleistung der Internetanbindung und Gewährleistung der Verfügbarkeit der Medien

- Betrieb der digitalen Einheiten
- Technische Hilfestellung für den laufenden Betrieb der KMZ/SMZ und der Projektschulen.

Dieses sehr komplex angelegte Projekt weist viele Facetten auf. Klar stehen technische Fragen im Vordergrund, dann muss geklärt werden, welche Medien (Rechtefrage!) und wie diese vorgehalten werden, und wie das Bildarchiv des LMZ verfügbar gemacht werden kann. Die Vorteile liegen auf der Hand, u.a. sind dies:

Die Schulen werden früh in zukunftsweisende Distributionsformen, die sich am aktuellen technischen Entwicklungsstand orientieren, eingebunden.

Es besteht von schulischer Seite die Chance, gezielt auf Medienbeschaffungsmaßnahmen der Medienzentren Einfluss zu nehmen, so gewünschtes Material zur Verfügung zu haben und letztlich erhebliche Kosten für Fehlkäufe zu sparen.

Erhebliche Ressourcen-Einsparung, da wichtige Informationen zentral verfügbar sind und somit der Weg zum Medienzentrum gespart wird.

Durch den geringen „Beschaffungsaufwand" werden Zeit und Kosten gespart, dadurch aber gleichzeitig Medien intensiver im Unterricht genutzt, da sie immer auf dem aktuellsten Stand sind.

Die Medien sind jederzeit verfügbar.

Die Lehrkräfte erhalten Medienpakete zum Einsatz für den fächerübergreifenden Unterricht und/oder zur Projektarbeit.

Möglichkeiten der interaktiven Arbeitsformen von Schülerinnen und Schülern mit Medien werden in hohem Maße unterstützt.

Mit verschiedenen Einrichtungen wie z. B. dem Landesbildungsserver Baden-Württemberg und dem Landesinstitut für Erziehung und Unterricht (LEU), werden Gespräche geführt, um deren Erfahrungen auch für dieses Projekt sinnvoll zu nutzen.

Aufgrund der umfassenden Anlage des Projektes müssen sehr unterschiedliche Aspekte berücksichtigt werden. Deutlich ist auch, dass einige Schwerpunkte sukzessive aufgegriffen werden, auch um die Projektbeteiligten nicht zu überfordern. So stehen zunächst die Aufarbeitung der Inhalte und deren Recherchemöglichkeiten im Mittelpunkt, später, beim Wachsen der Inhalte der einzelnen Medienpakete wird dann die „Lokando"- Oberfläche zum Einsatz kommen. Ein nächster Schwerpunkt werden dann e-

Learning- bzw. Teleteaching-Module sein.

Dies erfolgt stets in enger Abstimmung mit den beteiligten Schulen, Schulträgern, Stadt- und Kreismedienzentren sowie den Inhalteanbietern, um nach Projektende Aussagen u. a. über Nutzung des Angebotes, mögliche Kosten, Empfehlungen für Schulträger, eventuelle Lizenzgebühren etc. treffen zu können.

3. Ziele des Projektes

Dieses Projekt zur Online-Distribution verfolgt folgende Ziele:

- Bereitstellung schulgeeigneter multimedialer Inhalte und Initiierung innovativer Projekte mit begleitender Evaluation.
- Erprobung von geeigneten Sicherungsmaßnahmen, z. B. Datensicherung, Rechteverwaltung, Firewall.
- Entwicklung und Erprobung von Praxiskonzepten wie eine Online-Distribution für den Schulträger zeit- und kostensparend angeboten werden kann.
- Übergreifende Fragestellungen bezüglich interner schulorganisatorischer Maßnahmen, d. h. Verteilung der Online-Medien innerhalb der Schule über LAN oder eine serverbasierte Lösung bzw. effektives Management.
- Konzeption und Erprobung zum Aufbau eines Online-Distributionsnetzes mit Kreis- und Stadtmedienzentren.
- Verbesserung des Angebots und der Verfügbarkeit multimedialer Inhalte durch geeignete Lizenzierungsmodelle.
- Ausbau schneller Kommunikationswege („Forum").
- Übergreifende Fragestellungen – wie Schlüsselqualifikation und Multimedia, Unterrichts- und schulorganisatorische Maßnahmen, Multimedia und gezielte Lernförderung (insbesondere durch Einbeziehung von Schulen verschiedener Schularten), Einbeziehung neuer technologischer Entwicklungen oder Teleteaching und E-Learning – werden aufgegriffen.
- Aufbau eines effektiven Beratungsnetzes zum Thema „Online-Distribution" für Schulträger, Schulen und regionale Medienzentren.

Aus den oben dargestellten inhaltlichen Aspekten lassen sich folgende übergeordnete Ziele definieren:

- In Kooperation mit kommunalen Medienzentren sollen Bildungsmedien, d. h. Filme und andere Medienformate (Bild-, Grafik-, Text- und Tondokumente sowie interaktive Lernprogrammmodule) sowie zusätzliche Dienste auf einem via Internet angebundenen Server oder mit breitbandigen Netzanbindungen exklusiv zunächst für am Projekt beteiligte Schulen zur Verfügung gestellt werden, die von den Schulen über deren Internet-Verbindungen, z. B. T-DSL etc. oder Breitbandanbindung abgerufen werden können. Hier liegen technisch-strukturelle Aspekte im Fokus der Evaluation.
- Die Möglichkeiten des Unterrichtseinsatzes digital vorliegender Medien sollen in Zusammenarbeit mit den beteiligten Schulen und Lehrkräften abgestimmt und evaluiert werden.
- Aufbau von Informations- und Kommunikationsverbünden zwischen Schulen.
- Erprobung diverser Distributionsformen basierend auf speziellen, neuen Lizenzierungsmodellen (Distributionslizenzen).
- Berücksichtigung digital durchgängiger Funktionalitäten:
- Online-Recherchen, Kataloge
- Digitale Verarbeitung
- Digitale Übertragung
- Digitale Zwischenspeicherung
- Digitale Rechtevergabe
- Digitaler Kopierschutz
- Digitale Authentifizierung
- Digitale Abbuchung
- Feedback, Anfragen.
- Installation und Betrieb des Medienservers-
- Installation und Betrieb des Bandroboters.
- Austesten verschiedener Übertragungsverfahren und der damit verbundenen Formate: Download, Streaming, Rechtemanagement aus technischer Sicht.

4. Aufgaben/Erste Schritte

Aus dem Gesagten werden die ersten Schritte bezüglich des Servers deutlich.

Zunächst wird der Server installiert, die Betriebssoftware (Betriebssystem Windows 2000 Server; Webserver: Apache; FTP-Server) aufgespielt, die Serverarchitektur angelegt und die Medien eingebunden.

Die Medien werden auf dem Server strukturiert abgelegt.

Zum Schutz der Daten und der Archivmaterialien muss dem Firewallserver und der Sicherheitskonzeption besondere Achtung geschenkt werden, dies geschieht auch unter Einbeziehung der KMZ/SMZ, um die gewonnenen Erfahrungen auch gleich in den Aufbau von Servern vor Ort einfließen zu lassen.

Das Aufspielen des Betriebsystems oder der zusätzlichen Programme auf den Server sowie der Inhalte für den Start werden nach und nach durchgeführt. Die Medien, die während der Pilotphase sukzessive hinzukommen, werden laufend aufgespielt, der Server insgesamt technisch intensiv betreut. Da im Projekt verschiedene Komprimierungsmodi für Bewegtbilder getestet werden sollen, werden sowohl wmv- wie auch das avi-Verfahren eingesetzt. In Zusammenarbeit mit den Projektpartnern, also den KMZ/SMZ werden Backup- und Spiegelungsmöglichkeiten zwischen verschiedenen Servern und Standorten in enger Abstimmung erprobt werden. Eine wichtige Bedeutung wird die technische Betreuung der Projektschulen und insbesondere der KMZ/SMZ haben, um auch in diesem Sektor Erfahrungen für eine spätere intensive Beratung zu gewinnen.

In einem weiteren Schritt müssen verschiedene Authentisierungsverfahren erprobt werden.

Das LMZ arbeitet schon seit einiger Zeit sehr intensiv an der Digitalisierung seines landeskundlichen und kulturhistorischen Fotoarchivs. Der dafür vorhandene Gerätepark wird in das Projekt eingebunden. Das bereits digitalisierte und inhaltlich erschlossene Bildmaterial könnte ebenfalls in den Server eingebunden werden. In jedem Fall aber werden die thematisch in die Medienpakete zu integrierenden Bilder bzw. die von den Schulen gewünschten Bildersets aus dem Archiv digitalisiert.

Die Einbindung der vorhandenen ImageFinder-Datenbank, mit der die derzeitige Bilddatenbank verwaltet wird, in die Struktur und Architektur des Servers ist ein wichtiger Eckpunkt des Projektes. Für das Verwalten von Nutzern müsste eine automatische Nutzer-Login erworben oder programmiert werden. Die Bilder wären in DIN A 5-Druckqualität ca. 200 KB pro Bild und in einer noch zu definierenden Bildgröße herunterladbar.

Um einen Datenmissbrauch des hochwertigen, digitalisierten Fotomaterials zu verhindern, muss ein kontrollierter Nutzerkreis gewährleistet sein. Da das Projekt ausschließlich für ausgewählte Schulen in Baden-Württemberg zugänglich ist, ist keine gesonderte Zugriffskontrolle nötig, wie sie bei Zugriff über Internet eingerichtet werden müsste.

Um einschätzen zu können, in welcher Form zukünftig speziell Lehrerinnen und Lehrer oder kommunale Einrichtungen das Archivmaterial nutzen können, ist es sinnvoll, zwei Angebotsformen zu erproben. Es bietet sich dabei erstens an:

> die oben erwähnten Bildersets nach entsprechender technischer Einbindung thematisch über ImageFinder-Web recherchierbar und zugleich sichtbar zu machen,

und zweitens:

> eine reine Einzelbildrecherche ebenfalls über ImageFinder-Web einzurichten, mit Zugriff auf jpg-Bilder bis Bildschirmgröße plus evtl. 2-3 MB zum Download (tiff).

Erst im Anschluss an die Testphase ist eine Aussage über zukünftige Angebotsformen möglich.

Für die Arbeit im Unterricht müssen Medien/Filme für die verschiedenen Schularten und -fächer zur Verfügung gestellt werden. Dies geschieht in einem ersten Schritt durch die pädagogischen Referentinnen und Referenten des LMZ, auch in Abhängigkeit durch die von den Rechteinhabern zur Verfügung gestellten Medien, später dann aber in enger Absprache mit den Lehrkräften der Projektschulen, die ihre Wünsche und Anregungen einbringen. Damit wird erreicht, dass ein großer Teil der bereitgestellten Medien, z. B. aus dem Bildarchiv des LMZ, sehr eng mit der Planung des Unterrichts abgeglichen wird. Gleichzeitig sollen, wie oben erwähnt, Erfahrungen mit dem Einsatz der Medien im Unterricht bzw. die Planung von Einheiten für offene Unterrichtsformen wie Stationsarbeit oder Werkstattarbeit in Zusammenarbeit mit den Studentinnen und Studenten dokumentiert und weitergegeben werden.

5. Partner des Projektes

Die Firma Hewlett Packard stellt dem LMZ einen Server zur Verfügung, auf dessen Grundlage ein zukunftsweisendes Projekt dieser Größenordnung für den Dauerbetrieb bewältigt werden kann:

...für Feldphase

- Stadtmedienzentrum Mannheim
- Kreismedienzentren Buchen, Pforzheim, Heidenheim, Sigmaringen
- Schulen aller Schularten (SO, GS, HS, RS, GY, BS)
- Pädagogische Hochschule Karlsruhe, Universität Karlsruhe

Das Projekt wird mit ausgewählten Stadt- und Kreismedienzentren und Schulen verschiedener Schularten begonnen, um auch gleichzeitig die Nutzer- und Rechteverwaltung zu testen.

Alle Projektpartner müssen über die technische Infrastruktur verfügen, um am Projekt mitzuwirken. Die Filmmedien werden im asf- und im mpeg-Format angeboten.

Rechteinhaber

Die Inhalte, also entsprechend aufbereitete und digital verfügbare Medien verschiedener Formate, stammen zum einen aus den Beständen des LMZ (Fotoarchiv, Mediendatenbank, Eigenproduktionen), zum anderen aus der Kooperation mit zahlreichen Medienanbietern, die dem LMZ zunächst für die Projektdauer die Rechte an der Nutzung ihrer Medien zusagten, z. B. FWU, SWR, Heil-Film, IWF u. a.

Das LMZ verhandelt gegenwärtig sehr intensiv mit Filmrechteinhabern, um gleich zu Beginn eine ausreichende Auswahl dieser Materialien anbieten zu können. Im weiteren Projektverlauf sollen dann, nach Absprache mit den Schulen, weitere digitalisierte Medien angefragt und gleichzeitig Möglichkeiten einer Distribution nach dem Ablauf des Projektes diskutiert werden.

Eine wichtige Rolle spielt bei diesem Projekt auch das Arbeiten mit und die Erstellung von Themendatenbanken (Lokando) für unterschiedliche Fächer.

Bemerkenswert ist, dass für die Projektdauer die Produzenten dem Landesmedienzentrum Baden-Württemberg großzügige Rechte für die Medien einräumen. Wie bei der Frage der Rechte nach der Feldphase weiter verfahren wird, ist noch offen, soll aber während des Projektverlaufs grundsätzlich mit den Rechteinhabern diskutiert werden, um auch in diesem Punkt qualifizierte Aussagen treffen zu können.

6. Voraussetzungen, Einbindung von Medienzentren und Schulen

Technik in den Kreismedienzentren

Wegen ihrer pädagogischen und technischen Kompetenzen und der örtlichen Nähe zu den Schulen werden die Stadt- und Kreismedienzentren in Zukunft eine tragende Rolle in der multimedialen Teledistribution spielen, die regionalen Medienzentren werden wichtige Knotenpunkte für die dortigen Nutzerinnen und Nutzer. Gleichzeitig werden so Erfahrungen gesammelt, wie eine Einbindung der SMZ/KMZ nach der Projektphase als regionaler Stützpunkt aussehen könnte.

Mit der Bereitstellung von Speicherkapazitäten auf dem Server für „ihre" Schulen und der logistischen Unterstützung während des Projektes leisten die beteiligten SMZ/KMZ einen wichtigen Beitrag zur erfolgreichen Durchführung des Projektes.

Die Medienzentren

- stellen Serverkapazität für die Teledistribution zur Verfügung,
- wählen zusammen mit den Schulen in ihrem Kreis unter didaktischen Gesichtspunkten Medien aus,
- führen ggf. in ihren Schulen eigene Online-Projekte durch,
- leisten technische Unterstützung für die Schulen in ihrem Bereich.

Für die Kreismedienzentren gelten folgende Anforderungen:

Notwendig ist eine Internetanbindung mit mind. 768 kBit/s (z. B. TDSL) und ein Multimedia-PC zum Abspielen der Medien.

Technik in den Schulen

Für die Projektschulen gelten folgende Anforderungen:

Notwendig ist neben einem Multimedia-Rechner mit Videobeamer (Abspiel-PC) ein Rechner mit TDSL-Verbindung zum Internet (Relais-PC). Die heruntergeladenen Medien können nun je nach schon vorhandener Ausstattung der Schule über mehrere Wege vom Relais-PC zum Abspiel-PC gelangen, sowohl das Streaming- als auch das Download-Verfahren sollen erprobt werden.

Inhouse-Netz mit wenigstens einem deklarierten Server (Lokales Netzwerk im Schulhaus): Dies ist die bequemste Lösung, da nach dem Herunterladen der Medien keine weiteren Schritte notwendig sind, um die Medien zu verwenden. Jedoch sind in sehr wenigen Schulen alle Klassenzimmer an das lokale Netzwerk angeschlossen.

Zusätzliche Möglichkeiten sind zum Beispiel:

CD-ROM-Brenner: Das Medium wird auf eine CD-ROM gebrannt und kann auch zur Unterrichtsvorbereitung mit nach Hause genommen werden. Die begrenzte Speicherkapazität (640 MB bis 800 MB) erlaubt zur Zeit eine Abspieldauer von max. 210 min. bei niedriger Streamingrate und max. 22 min. bei sehr hoher Streamingrate (Die Filme werden auch modularisiert angeboten).

JAZ-Drive: Besitzt eine sehr hohe Speicherkapazität von bis zu 2 GB. Ist jedoch in der Anschaffung relativ teuer. Ebenso liegen die Preise für die Speichermedien über 75 € pro Stück, sind jedoch mehrfach verwendbar.

Es muss mit den Produzenten klar geregelt werden, dass die Schulen das Recht haben, die Medien auf ihrem Server zwischenzuspeichern und evtl. auf CD-ROM zu brennen. Möglich wäre eine Regelung, dass die Schulen sich verpflichten, das Medium nach Gebrauch zu löschen bzw. die CD-ROM zu vernichten.

Nutzungsablauf

Mit einem vom LMZ bereitgestellten Rechtemanagement laden sich die Stadt- und Kreismedienzentren die gewünschten Medien auf ihren Server und verteilen sie an die Schulen, die dieses System ebenfalls vom Landesmedienzentrum erhalten. Das Landesmedienzentrum ist ein sog. Großdistributor, die SMZ/KMZ mittlere Distributoren.

Eine Schule wählt mit einem Rechner (Relais-PC) im WWW den Server ihres Medienzentrums an. Erst nach Abfrage von Nutzername und Passwort (im Projekt zu Evaluationszwecken) wird das gewünschte Medium ausgewählt. Der „Transport" des Mediums erfolgt dann für alle Partnerschulen vom Medienserver aus. Die kommunalen Portale des Teledistributionsdienstes erfüllen die Aufgaben von Masken und können technisch alle auf einem Server gehostet werden. Die zwischengespeicherten Medien können nun auf verschiedene Weisen zum Abspiel-PC transportiert werden und via Beamer oder am PC betrachtet und in den Unterricht eingebunden werden.

7. Evaluation

Im Rahmen des Lehrangebotes der Pädagogischen Hochschule Karlsruhe im Bereich „Interdisziplinäres Lehren und Lernen" wird im Wintersemester

2002/03 vom LMZ ein Seminar zum Thema „Einsatzmöglichkeiten des Internets für Lehrerinnen und Lehrer" durchgeführt. Neben der theoretischen Grundlage über Projekte und Evaluationsverfahren werden die Studierenden auf die praktische Phase des Lehrangebotes im Sommersemester 2003 vorbereitet, in der die Studentinnen und Studenten mit den Stadt- und Kreismedienzentren und den Lehrkräften der Projektschulen gemeinsam fachbezogene und fächerübergreifende Unterrichtsangebote, auch unter Berücksichtigung offener Lehr- und Lernsituationen, erstellen bzw. eine erste Evaluationsphase durchführen. Hierbei werden neben den Lehrkräften auch die Schülerinnen und Schüler befragt, da auch sie auf das bereitgestellte Material zurückgreifen sollen. An der Universität Karlsruhe ist für das Wintersemester ein Seminar „Medienpädagogik" geplant. Auch hier wird ein Schwerpunkt auf die Online-Distribution der Medien gelegt.

8. Dokumentation/Präsentationen

Die Ergebnisse des Projektes, auch wichtige Zwischenergebnisse, sollen nicht nur dem Kultusministerium und allen Projektbeteiligten fortlaufend vorgestellt werden, sondern auch Entscheidungsgremien, wie Städte-, Landkreistag oder kommunalen Einrichtungen (z. B. Schulverwaltungsämter) sollen sie nach Bedarf präsentiert werden, um gemeinsame Schritte für eine Fortführung und Erweiterung des Projektes zu entwickeln.

1.18. Nachschlagewerke versus interaktiv-experimentelle Software

Reine Nachschlagewerke wie hier „Naturwissenschaften neu entdecken" der Firma Meyer Multimedia sind zwar sehr ansprechend in ihrer farbigen Gestaltung und ermöglichen es, schnell bestimmten Gebiete, die einen weiter interessieren, aufzusuchen. Sie sind somit für den interessierten Schüler zur Vertiefung geeignet. Ein „neues Entdecken" im Sinne von Versuchsanordnungen stellt das Programm dagegen nicht dar. Ganz anders dagegen das Programm „Edisonomat" . Der Edisonomat ist ein Programm aus einer ganzen Reihe von Programmen, die der SWR Baden-Baden in Auftrag gegeben hat und die über die Landesmedienzentren vertrieben werden. (Es wird eine geringe Schutzgebühr verlangt.)

Im folgenden sehen Sie eine Abbildung eines Musters, des Lernprogramms „Gezeiten", das den Einfluss der Gestirne auf die Entstehung von Ebbe und Flut sowie Springfluten untersucht. (Thema in Fach naturwissenschaftlichen Phänome der 6. Klasse d. Gymnasiums).

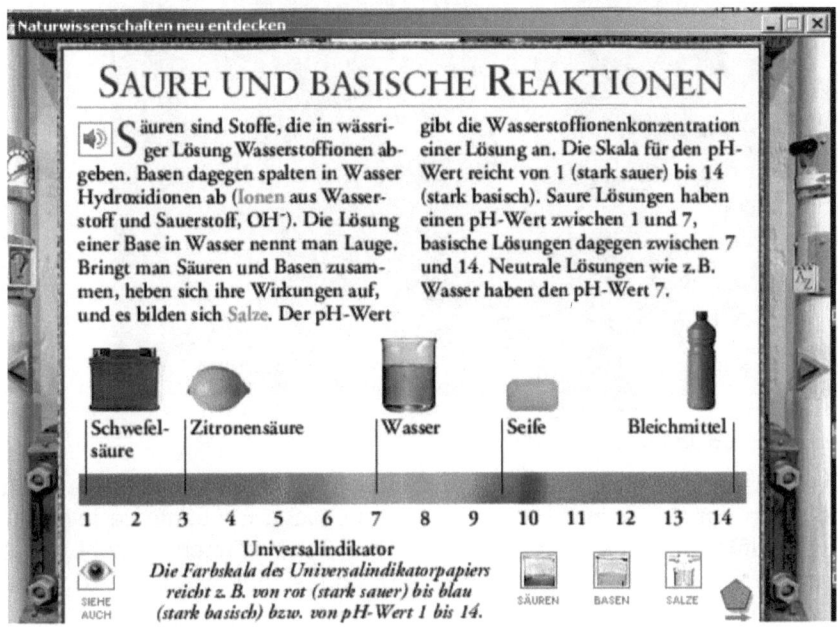

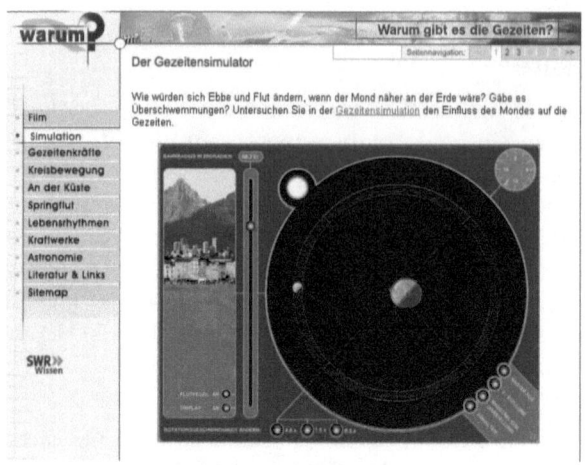

Abb. 31: Gezeitensimulator

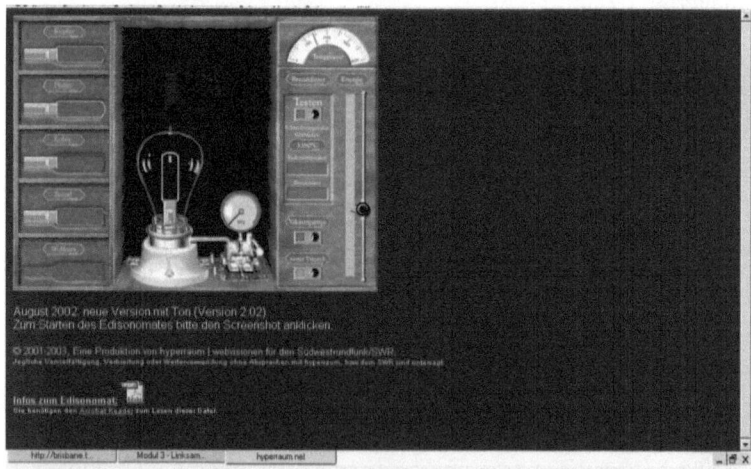

Abb. 32: Edisonomat

Der Edisonomat stellt eine der fortschrittlichsten multimedialen Lerntechnologien dar. Mit seiner Hilfe wird es ermöglicht, Experimente interaktiv durchzuführen, ohne dass Gefahr für die Schüler/innen besteht. Er ist damit auf derselben qualitativen Ebene angesiedelt wie das Programm „Crocodile Clips".

Zum Edisonomat stellte die Firma Hyperraum /Webvisionen die folgende Beschreibung zur Verfügung. Abdruck mit Genehmigung des SWR.

EDISONOMAT

Interaktive Experimentieranordnung zum Thema Glühfadenexperimente –
Erfindung der Glühlampe durch Thomas A. Edison

Der EDISONOMAT ist Bestandteil einer Reihe interaktiver Programme zur Ergänzung von Schulfernsehbeiträgen. Diese Programme werden unter dem Titel „Warum? Wie geht das?" als CD-Rom und im Internet veröffentlicht. Die technische Zielsetzung war ein plattformunabhängiges, webbasierendes rogramm zu entwickeln.

Die Realisierung erfolgte mit *Macromedia Flash*. Der EDISONOMAT setzt den Fernsehbeitrag zur Entwicklung der Glühbirne durch Thomas A. Edison als interaktives Experiment um.

Das authentische Design und die vielfältigen Interaktionsmöglichkeiten machen neugierig auf das Experiment und vertiefen das Verständnis der physikalischen Zusammenhänge. Der EDISONOMAT ermöglicht über seine intuitive Benutzeroberfläche eine Vielzahl von Experimentierschritten und Ergebnissen, welche im Schulunterricht nur teilweise durchgeführt werden können.

So kann zum Beispiel die Brenndauer der verschiedenen Glühdrahtmaterialien, die Durchbrenntemperatur der Drähte im Vakuum und unter Luftzufuhr ermittelt werden, sowie die Lebensdauer bei vorgewählter Glühdrahttemperatur und die Ermittlung der optimalen Temperatur. Dadurch wird das Edison-Experiment realitätsnah *nacherlebbar* .

Die universelle Einsetzbarkeit des Programms im Unterricht, als Schulbuchergänzung zu Hause und im Internet sowie das hohe Maß an Interaktivität motivieren Lernende und interessierte Zuschauer sich mit der Thematik vertiefend zu beschäftigen.

EIGENSCHAFTEN :

- Intuitive und benutzerfreundliche Bedienung durch authentisches Design des Versuchsaufbaus

- Förderung des aktiven Lernens durch vielfältige Interaktionsmöglichkeiten, *learning by doing*

- Zielgruppengerechte Vermittlung von Inhalten mit Multimedia Techniken – realitätsnahe Simulation

- Plattformunabhängiges, webbasierendes Programm (*Macromedia Flash*), lauffähig auf jedem
Standard-Computer ohne Software-Installation

- *Homelearning*: Veröffentlichung auf unterrichtsbegleitenden CD-Rom/Internetseiten für die Schule und

zuhause, evtl. auch Schulbuchergänzung

- *Teleteaching*: Vertiefung von Sendungsinhalten aus dem Bildungsfernsehen im Internet

Online-Demo: http://www.hyperraum.net/pro/edison/ed.html

Autoren:

Dipl.- Bildh. Eva-Maria Lopez, AdBK Karlsruhe

in Zusammenarbeit mit

hyperraum|webvisionen

Uhlandstr. 37 61 35 Karlsruhe

fon 0721 9850430

fax 0721 9850431

e.mail design@hyperraum.net

II. Pädagogische Überlegungen zu Gesundheit und Kommunikation

2. Überlegungen zur Sozialisation und Kommunikationskultur und Gesundheit

2.1. Computerspiele - nur ein Spiel?

Bislang gibt es keine wissenschaftlichen Untersuchungen über die Langzeitwirkung von Computerspielen und deren Nutzung. GREBSCH/ LISSNER (1995, 127) stellen aber dazu einige Vermutungen an:

Die bisherigen methodischen Ansätze greifen alte zu kurz. Die Aussagen der Untersuchungen scheinen außerdem häufig von den Vorannahmen beeinflusst zu werden, die Wissenschaftler und Wissenschaftlerinnen über die Wirkungen von Computernutzung auf Kinder und Jugendliche haben. Entsprechend fallen die Urteile von « sehr bedenklich » bis « unbedenklich »aus Neuere Ansätze gehen von einer Komplexität der Computernutzung aus, die auch in Zukunft klare Aussagen über ihre Wirkungen erschwert. Danach sind nur Wahrscheinlichkeiten in bestimmten Situationen feststellbar, da berücksichtigt werden muss, dass Mediennutzer und Mediennutzerinnen aktiv Handelnde sind. Das bedeutet, dass der Umgang mit Medien deren persönlichen, sich verändernden Bedürfnissen entspricht und nicht gleich bleibt. Auch wenn dieses Gebiet wissenschaftlich noch nicht hinreichend erforscht ist, bieten die vorliegenden Studien hilfreiche Anregungen und interessante Annahmen über die Wirkung.

Wir gehen davon aus, dass die in der medialen Welt gemachten Erfahrungen, zu denen auch Computer und Computerspiele gehören, einen Einfluss auf die Persönlichkeitsentwicklung von Kindern und Jugendlichen nehmen - und das um so mehr, je jünger die Kinder sind. Computernutzung allein verursacht jedoch keine Probleme. Erst bei übermäßigem Gebrauch können körperliche Beschwerden eintreten. Und auch aus fehlenden Erlebnis- und Erfahrungsmöglichkeiten können sich Folgen für die seelische und körperliche Entwicklung ergeben. Auf einige Aspekte der Wirkung auf Körper und Psyche gehen wir im folgenden ein. Körperliche Gesundheit: Es *ist nicht unbedingt problematisch, wenn sich Kinder und Jugendliche, aber auch Erwachsene, über* einen längeren *Zeitraum* sehr *ausgiebig und konzentriert mit einem Spiel* befassen. (Hervorhebung durch den Autor) Es gibt Spiele, für die man sehr viel Zeit braucht, z. B. für Stimulationen, Adventures, Rollenspiele usw. Sie erfordern ein längeres Einarbeiten in den Spielablauf. Der Spieleinstieg ist zunächst sehr einfach, und das Spiel wird erst nach einigen Spielzügen schwieriger. Die Aufgaben werden jedoch als lösbar empfunden. Diese zu bewältigen verschafft Erfolgserlebnisse aufgrund der erbrachten kognitiven Leistungen, die von Kindern und Jugendlichen im allgemeinen als bedeutend angesehen werden. Da Kinder sich erst nach etwa 1 Stunde richtig. eingelebt haben, brauchen sie für solche Spiele sehr viel Zeit. Das eigentliche Spiel fängt erst nach der Einstiegszeit an. Spiele, für die weniger Zeit benötigt wird, sind z. B. einfache Actionspiele. In diesen Spielen müssen Aufgaben in einer bestimmten Zeit bewältigt werden, um auf den nächsten Level gelangen."

Diese positive Einschätzung der Autorinnen wiederholt sich mehrmals. Sie verwenden das klassische psychologisierende Deutungsmuster, indem sie z. B. ausführen: Eine Spielsucht kam nicht unmittelbar durch Computerspiele hervorgerufen werden. Nur wem in der Persönlichkeit eine Neigung zur Sucht vorliegt können Computerspiele wie Drogen, Alkohol, Zigaretten oder Automatenspiele zum Suchtmittel werden und bei Entzug körperliche Beschwerden hervorrufen.(ebd. s. 131). Es folgt die übliche Argumentation, die immer wieder betont, dass Computernutzung auch die Möglichkeit neuer Freundschaften in sich Trage, indem z.B. Gespräche über Spiele, Software usw. entstehen könnten, Computer-Clubs entstünden. Der Autor teilt diese Auffassung nicht. Gerade heute hält er eine neue Diskette in der Hand, auf der die Fa. Mobilcom Reklame macht für einen Einstieg ins Internet Im dem Begleitschreiben der dazugehörenden Zeitschrift tomorrow (Hft.21/99) heißt es, das Programm dieses Providers sei ideal preiswert für Leute, die monatlich mehr als 100 Stunden (sic!) im Internet verbringen. Ansonsten seien andere Anbieter günstiger. Wenn wir von der Prämisse ausgehen, dass große Wirtschaftsunternehmen vor der Markteinführung eines Produkt eine genaue Marktanalyse vorgenommen haben, so muss es bereits heute (1999) eine beträchtliche Zahl von Menschen geben, die süchtig auf die Benutzung des Computers sind, hier im Bereich des Internets. In einer im Januar veröffentlichten Studie der Universität von Hertfortshire bezeichneten sich die Hälfte der befragten Internet-Benutzer als , Sklaven des Netzes. 75 % der 445 Befragten . loggen sich täglich ein und hängen bis zu 60 Stunden am Netz. Nach Angaben der Autorin Helen Petrie besteht eine enger Zusammenhang zwischen Internet-Nutzung und Depression. (BNN, 29.01.98)

2.2. Belastungsquellen bei der Bildschirmarbeit

Lange Zeit hat man sich mit den Belastungen der Bildschirmarbeit nicht auseinandergesetzt. Viele Erkenntnisse der Ergonomieforschung werden in der Praxis und auch an Schulen, aus Unkenntnis oder aus finanziellen Gründen nicht beachtet. dass nicht nur Sekretärinnen, sondern auch Schülerinnen über Rückenschmerzen, Augenbrennen, Verspannungen und Kopfweh klagen, sollte jedoch nachdenklich machen. Wie kann die Belastung auch für diese Schüler gering gehalten werden? Welche Belastungsfaktoren lassen sich nun erkennen?

Sitzhaltung: Üblicherweise ging man bisher davon aus, dass eine aufrechte Sitzhaltung auf die Dauer am Gesündesten sei. Generationen von „Haltungspädagogen" haben dies gepredigt. Inzwischen liegen neuere Forschungen vor, dass eine entspanntere Haltung nicht schädlich ist. Wenn man einen Kompromiss zwischen diesen beiden Lehrmeinungen finden will, so könnte dies eine aufrechte und damit konzentrierte Sitzhaltung sein, wobei der Stuhl die Möglichkeit bietet, sich zwischendurch auch zu entspannen. Im übrigen führen alle auf Dauer eingenommenen Haltungen zu Verspannungen, weil der Mensch ein Bewegungswesen ist. Ein weiterer, im Unterricht störender ‚Faktor ist das ständige Drehen des Kopfes des Kindes zum Lehrer hin, wenn es an einem Fenster vor seinem PC sitzt und Anweisungen erhalten soll. Im Abschnitt „Ruhepausen" wird der Punkt Verspannungen noch einmal behandelt.

Tisch: Schüler – aber nicht nur diese, sollten eigentlich Tische haben, die das Prinzip des Schreibpultes übernehmen, d.h. in der Höhe und im Neigungswinkel sich an das Individuum anpassen lassen. Unglücklicherweise kann man an einem solchen Tisch keinen PC aufstellen. Darum wäre eine denkbare Alternative zu dieser Vorgehensweise, einen Kombi-Tisch zu konstruieren, der den normalen Tisch mit einem PC-Arbeitstisch koppelt. Dadurch wäre es möglich, dass die Schüler mit dem Lehrer/ der Lehrerin in Blickkontakt bleiben könnten. Die Tischfläche des PC-Arbeitstisches sollte so gelagert sein, dass die Hände sich frei über sie bewegen können. Anders ausgedrückt: Die Tastatur des Bildschirms sollte weder von oben noch von unten, sondern waagerecht angesteuert werden können. Die Tischfläche (s.u.) hat außerdem eine hohe statische Belastung durch den Monitor oder dessen Schwenkarm. Die Tischplatte muss also viel stärker sein als das in Schulen übliche Mobiliar oder sie müsste durch eine Metallplatte verstärkt werden.(es gibt natürlich noch andere denkbare Lösungen für dieses Problem...)Eine Abrundung der Tischkanten ist, vor allem bei jüngeren Schülern, auch kein überflüssiger Luxus.

Schwenkarm: Um den Monitor des PC immer für jeden Schüler adäquat ausrichten zu können, bedarf es eines Schwenkarms, der diese Aufgabe erfüllen kann (20-Zoll-Monitore wiegen um die 30 kg!)

Stuhl: In unserer Arbeitsgruppe haben wir uns entschieden, statt einer verstellbaren Tischhöhe höhenverstellbare Stühle zu wählen. Dadurch wird es möglich, alle Altersgruppen ergonomisch am Tisch sitzen zu lassen. Um den Winkel zwischen Ober- und Unterschenkel waagerecht zu halten , muss der Stuhl durch einen Fußschemel mit veränderbarer Höhe ergänzt werden. Der Stuhl sollte außerdem bei Belastung arretieren, so dass sich ein Schüler/in zwischen schräg stellbarem Arbeitstisch und PC-Arbeitsplatz bewegen kann, andererseits nicht die Gefahr besteht, dass der Stuhl wegrutscht. Der Stuhl sollte die Möglichkeit bieten , um 20 Grad nach hinten gekippt zu werden, damit die Schüler sich zwischendurch auch entspannen können.

Tastatur: Bei der Tastatur sollte es ich um eine zweigeteilte ergonomische Tastatur handeln.

Strahlung: Auch bei den heutigen, nach MPR-II-Norm strahlungsarmen Monitoren gibt es Belastungsfaktoren; dies im besonderen Maß, weil sich Schüler oft „unnatürlich" nahe an den Monitor heran bewegen. Es gibt eine elektrostatisches-, ein elektromagnetisches Feld , ionisierende und Röntgenstrahlung. Da die Nerven des menschlichen Körpers mit elektrischen Impulsen arbeiten, und zwar im .. Bereich kleinster Stromspannungen, nämlich 9OmV (Schmidt,1979, 24), ist es nicht verwunderlich, dass die Magnetfelder Kopfschmerzen, Ermüdung, Herzstörungen oder Spannungen in der Brust erzeugen können. (Zum Selbstversuch: Stellen Sie ein Radio etwa 1 m von Ihrem Computer auf und beobachten Sie die Veränderung der Musik während der Festplattenzugriffe). Mit sinusförmigen Magnetfeldern wurden mögliche Wirkungen bereits erforscht. (Nimtz, 1994,) .Dieser Elektrosmog wirkt sich bei geringen Abstand vom Bildschirm natürlich stärker aus. Unter diesen Voraussetzungen wäre es für Schüler sicher eine z.Z. noch teure, aber sinnvolle Alternative, auf Flachbildschirme (TFT-Monitore) langfristig umzusteigen.

Lichteinfall: Ein seitlicher Lichteinfall führt zu Blendeffekten und sollte vermieden werden.

Raumklima: Der Einsatz von PCs führt zu einer elektrostatischen Aufladung von Staubpartikeln. Dadurch können sich Schadstoffe an diese Binden und in die Lungen der Kinder gelangen. Außerdem kommt es durch die Erhitzung der PCs zu einer Entfeuchtung der Raumluft. Dies kann Erkältungskrankheiten verursachen. Häufiges Lüften ist daher das Minimum zur Verbesserung des Raumklimas. Eventuell ist auch eine

Klimaanlage sinnvoll. Es gibt auch eine Reihe von Pflanzen, die die Weichmacher absorbieren, die sich in den Plastikteilen der PCs befinden. Bei der Neuanschaffung von PCs empfiehlt sich aus diesem Grund auch eine „Entlüftungszeit".

Lärm: Lärmbelastung bei Druckern ist heute kaum noch der Fall.

Gefahrstoffe: siehe Raumklima.: Als besonderer Schadstoff ist hier nur noch der Toner von Laserdruckern zu nennen.

Notwendige Ruhepausen: Die Arbeitsmediziner empfehlen je voller Stunde PC-Arbeit 10 Minuten Entspannung. Diese werden selten in dieser Form eingehalten. Für Schüler jedoch, die ein besonderes Interesse an der langfristigen Aufrechterhaltung ihres Sehvermögens haben, sollten diese unbedingt eingehalten werden.

Regeneration der Augen: Die Schüler sollten frühzeitig dazu erzogen werden, mit 2-3 einfachen Übungen (Abdecken, Schielen, Fixieren der Finger in der Nähe und Ferne die Augen nach anstrengender Bildschirmarbeit wieder zu entspannen.

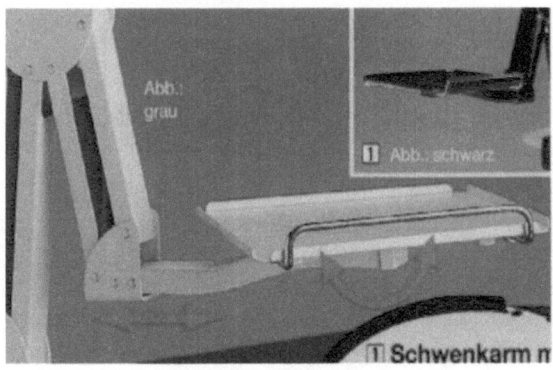

Abb: 33: Bildschirmschwenkarm mit zwei Gelenken für volle Drehbarkeit

Abb.34: Bildschirmarbeitsplatz mit schwenkbarer Tafelsichtkamera der Fa.Reinecker.

Moderne Bildschirmlesegeräte sind nicht nur mit einem PC verbunden, sondern besitzen auch eine schwenkbare Kamera mit der das Tafelbild vergrößert auf den PC übertragen werden kann.

Eine Möglichkeit, die ergonomisch besonders anspruchsvollen Arbeitsplätze von Schülern zu verbessern, besteht im Einsatz von TFT-Monitoren (Flachbildschirm). Diese könnten exakt nach Sonnenstrahlung und nach notwendiger Nähe an das Auge ausgerichtet werden. Außerdem bestünde die Möglichkeit, die schwenkbaren Bildschirme nicht nur an der Wand aufzubauen, so dass der Blickkontakt zur Lehrperson nicht nur durch Kopfverdrehen möglich wäre. Bei diesen Monitoren gibt es zwar ebenfalls – geringere – elektrostatische Felder, jedoch keine Röntgenstrahlung.

Um den Abstand zwischen Monitor und Augen optimal einstellen zu können, bedarf es eines Schwenkarms. Die Tragkraft muss einen 21 Zoll-Monitor verkraften können. Eine große statische Belastung ruht auch auf dem Fixierungspunkt an der Tischplatte. Mit einem Bildschirmschwenkarm lässt sich für Schüler der Abstand zu den Augen individuell einstellen.

Weitere Belastungsquellen sind die Ausdünstungen der Lösungsmittel, die in den Plastikbauteilen der Computer verwendet werden. Der Effekt tritt vor allem bei Neugeräten auf. Laserdrucker sind ebenfalls ungesund.

Einige Zeit waren die Bildschirme mit ihrer Röntgenstrahlung ein gesundheitliches Risiko, das man aber mit Einführung der MPR-Norm größtenteils behoben ist. Geblieben ist die elektrostatische Aufladung der Staubteilchen und die Entfeuchtung der Raumluft. Dies kann Erkältungskrankheiten verursachen.

Heute ist man jedoch erst am Anfang der Beachtung des elektromagnetischen Feldes, das sich um den Computer und den Bildschirm herum ausbildet. Da die Nerven des menschlichen Körpers ebenfalls mit elektrischen Impulsen arbeiten, und zwar im .. Bereich kleinster Stromspannungen, nämlich 9OmV (Schmidt,1979, 24), ist es nicht verwunderlich, dass die Magnetfelder Kopfschmerzen, Ermüdung, Herzstörungen oder Spannungen in der Brust erzeugen können. (Zum Selbstversuch: Stellen Sie ein Radio etwa 1 m von Ihrem Computer auf und beobachten Sie die Veränderung der Musik während der Festplattenzugriffe). Mit sinusförmigen Magnetfeldern wurden mögliche Wirkungen bereits erforscht.

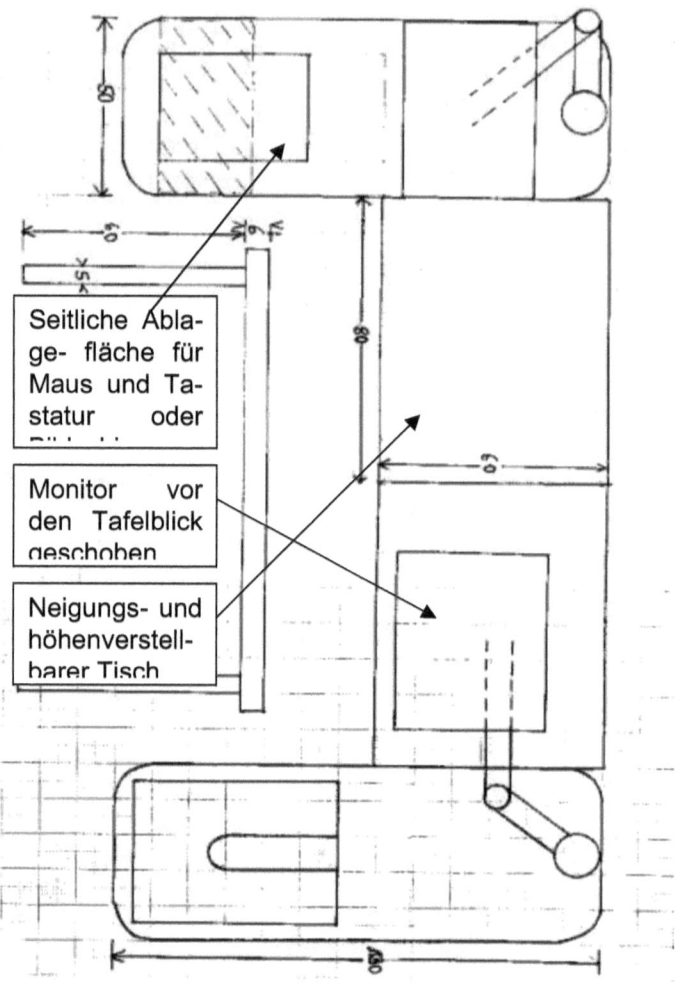

Abb. 35: Modell eines Arbeitsplatzes für 2 Schüler mit Bildschirmlesegerät und Monitor auf einem Schwenkarm (Anordnung speziell für sehbehinderte Schüler)

2.3. Zur Kritik des Begriff der Interaktivität

Interaktion bedeutet lt. Fremdwörterlexikon „Wechselbeziehung". Diese Übersetzung muss man sich vor Augen hatten, wenn man das, was als interaktive Software daherkommt, kritisch unter die Lupe nehmen will. Die . Navigation - um dieses weitere Fremdwort aus dem Wortschatz der Informatiker (vergl. Wandmacher 1993) zu verwenden - des Benutzers durch ein Programm, erfolgt nach neuestem Stand der Programmiertechnik mittels Tastendrücken (meist die Enter-, die ESC-, die TAB-, oder die Pfeiltasten) und durch das Klicken der linken Maustaste. Eine Weiterentwicklung, die für die Zukunft hoffen lässt, ist die Steuerung über die Sprache.(vergl. Kap. über Spracherkennung). Zum gegenwärtigen Zeitpunkt sieht es jedoch so aus, dass ein Benutzer einer Software, wie spastisch Gelähmte vor dem PC sitzen und ihren Körper für nichts anderes verwenden als dazu, eine Taste zu drücken.

Hinzu kommt, dass die Navigation durch das Programm meist nur auf einem einfachen Pfad verläuft (Ausnahme z.B. das Programm English Coach von Cornelsen siehe Kapitel Fremdsprachen). Ein Pfad in zwei Richtungen entsteht dadurch, dass sich der Benutzer der Software sich Schritt für Schritt von einer Ebene des Programms bzw. von einer Aufgabe zur anderen vorwärts arbeitet und dann auf demselben langwierigen Weg wieder zurück muss. Ein integrierter Rundweg, der auch zu überraschenden neuen „Lernwelten" führen könnte, ist äußerst selten. Querverweise, heute „links" genannt, findet man bestenfalls in Lexika. (siehe dort).

In welche Richtung die Entwicklung gehen wird, zeigt die neueste Lernsoftware von Cornelsen: Das 1998 mit dem Worddidact-Award ausgezeichnete Spanisch-Lernprogramm „ Dime Mas" lässt sich nicht nur auf die Bedürfnisse des Benutzers anpassen, enthält nicht nur die üblichen Sprechsitutationen, sondern auch 500 Sätze und 2000 Wörter mit Spracherkennung, d.h. das Programm korrigiert falsch ausgesprochene Sätze. Damit ist eine verbesserte Interaktivität erreicht, denn wenn der Anfang gemacht wurde, so ist zu erwarten, dass die Computer sich in einigen Jahren mit der Stimme auch steuern lässt, bzw. sich an Bedürfnisse des Benutzers anpasst. Im Augenblick jedoch ist der Begriff Interaktivität noch etwas euphemistisch.

III. Methodik und Didaktik

3.1. Entwicklungspsychologie

3.1.1. Polemischer Einstieg ins Thema

(Auswahl der päd. Aspekte: Altersgruppe 5-6 Jahre/Altersgruppe 6-7 Jahre/Altersgruppe 7-12 Jahre/Altersgruppe 12-17 Jahre)

„Nun haben wir die Computer, was machen wir nun damit ?" Diese Gretchenfrage stellen sich Hunderte von Pädagogen. Die einen sehen das Schreckgespenst einer vernetzten Schule vor sich, bei der der Lehrer ersetzt wird durch einen Großrechner, der alle Schüler mit dem notwendigen Wissen versorgt und lassen den neuen Kollegen Multimediacomputer lieber irgendwo im Keller vergammeln, anstatt sich auf die , Konfrontation mit ihm einzulassen. Die anderen sehen den willigen Gesellen als perfekten Lückenbüßer. Fällt einmal eine Stunde aus, so setze man die hochmotivierten Schüler vor die Glotze und die Stunde ist gelaufen.

Um ihn sinnvoll einzusetzen und nicht nur vor dem Schulrat zu zeigen, wie modern man doch ist, dazu bedarf es einiger Überlegungen. Diese Überlegungen können nicht nur heißen: . Was bietet der Kasten und wo bekomme ich die nötige Software her?, sondern sie muss sich an einem normativen Menschenbild, an medizinischen Forschungsergebnissen bezüglich der Ergonomie der Bildschirmarbeit und last not least an den langjährigen Erfahrungen aus der kognitiven Psychologie zu orientieren. Ein kurzfristiges Haschen nach Modernität ohne nach Zielen der Erziehung und

Grenzen des Mediums zu fragen, wird langfristig kontraproduktiv auf die Qualifizierung der Schüler im emotionalen und kognitiven Bereich wirken.

3.1.2. Entwicklungspsychologische Faktoren

Für die Altersbereiche, in denen die Kinder die Schule durchlaufen, hat die Entwicklungspsychologie folgende Erkenntnisse zusammengetragen (Das Alter von 5-6 Jahren wurde hinzugenommen, weil heute die Diskussion in Baden-Württemberg dahin geht, Schüler eventuell früher einzuschulen):

3.1.3. Altersstufe 5-6 Jahre

Die Kinder lernen, mit Sprache besser umzugehen. Gefühle und Stimmungen können sie sprachlich äußern, Sprache -und Grammatik sind genauer geworden. Die Kinder beginnen, zu widersprechen und mit Sprache zu provozieren. In ihren Zeichnungen stellen sie das Dargestellte in Beziehung zueinander, und sie können Menschen differenzierter zeichnen.

Um genügend Erfahrungen im Raumerleben sammeln zu können, brauchen Kinder in jeder Phase ihres Lebens viel Bewegung. Der Raum wird von Kindern schrittweise erobert. Sie fahren zunächst nur die unterschiedlichen Perspektiven, die sich bei jedem Wechsel der Raumposition ergeben. Mit der zunehmender Beherrschung der Raumstruktur wächst die Fähigkeit räumliche Beziehungen herzustellen. Erst nach und nach ist es ihnen möglich, den Raum als etwas unbeweglich Gleichbleibendes zu erleben, obwohl sie selbst sich bewegen. In der Bildung des Raumbegriffs spielt die Entwicklung der Motorik, der Wahrnehmung und der Sprache eine wichtige Rolle. Kinder im Alter von 5, 6 Jahren haben bereits einen gut ausbalancierten Körper. Sie sind in ständiger Bewegung, wodurch ihre Sicherheit wächst.

Kinder sind in diesem Alter in der Lage, einfache Bastelarbeiten allein auszuführen. Ihr technisches Verständnis macht einen großen Sprung, so dass sie komplizierte Formen nach Vorlage bauen können. Sie beschäftigen sich mit Konstruktionsspielsachen, die auf mechanischen Grundlagen beruhen. Die bis dahin gelernten Spielformen, besonders Fiktions- und Illusionsspiele, beinhalten die Fähigkeit, Dinge aus Zusammenhängen herauszunehmen, neu zuzuordnen und in andere Zusammenhänge zu stellen. In diesen Spielen wird das Handeln fiktiv, da es auf eigene Vorstellungen, nicht auf wirkliche Situationen bezogen und aus dem unmittelbaren Umfeld herausgelöst wird. Das ausgiebige Erproben dieser Fähigkeit im Vorschulalter kann als eine Vorbereitung für die Schule angesehen werden, da die Kinder zur Bewältigung schulischer Anforderungen fähig sein müssen, Handlungen und Dinge aus ihren ursprünglichen Zusammenhängen zu lösen.

Ihr Interesse für das soziale Umfeld außerhalb der Familie wächst. Sie spielen mehr in der Gemeinschaft, ihre Auseinandersetzungen mit anderen Kindern nehmen zu. Die Kinder entdecken ihre eigene Wichtigkeit und ihren Stellenwert in der Gruppe. In der Beziehung zu ihren Eltern gewinnen die Kinder mehr Abstand; sie werden unabhängiger. Dabei befinden sie sich in einem Zwiespalt zwischen Selbständigkeit und Abhängigkeit.

3.1.4. Stellungnahme

Der ausgeprägte Bewegungsdrang, der dazu angelegt ist, die Raumorientierung anzubahnen, verbietet es eigentlich, dass Kinder in dieser Altersstufe sich an den PC setzen. Auch die Ausbildung von Gruppenfähigkeit ist als wesentlich wichtigeres Bildungsziel anzusehen als die Fähigkeit, frühzeitig mit dem PC umgehen zu können. Als einzige Ausnahme wäre daran zu denken, dass Kinder mit einem abnehmenden Sehvermögen jetzt schon in den Gebrauch der Tastatur eingeführt werden, was später wesentlich schwieriger wäre.

3.1.5. Altersgruppe 6-7 Jahre

Planmäßiges Arbeiten ist möglich geworden, und damit i die Schulfähigkeit gegeben. Kinder lernen schreiben, lesen und rechnen. Die wachsende Differenziertheit der Sprache ist verbunden mit einer wachsenden Differenziertheit des Denkens. Die Sprachformen, die erlernt werden, sind von der Umgebung abhängig. Rhythmisches Sprachgefühl und musikalisches Empfinden sind sehr groß. Die Kinder haben ein deutliches Bewusstsein für Raumverhältnisse und ihre Wiedergabe. Beim Zeichne vergleichen sie zwischen Gezeichnetem und Wirklichkeit. Sie beginnen mit ersten Geschlechtsdifferenzierungen. Bis etwa zum 9. Lebensjahr malen Kinder bestimmte bevorzugte Grundschemata, die sie immer wieder abwandeln. Sie können inzwischen sehen selbständig basteln. Sammeln und Tauschen gehören jetzt zu ihren Lieblings- Beschäftigungen.

In ihrem Bewegungsverhalten zeigen sie mehr Umsicht und Vorsicht, wobei sich Betriebsamkeit und Ruhe abwechseln. Insgesamt begeistern die sich für zu erlernende Bewegungstätigkeiten wie Rollschuhlaufen oder Schwimmen.

Sie bevorzugen schwierige Bewegungsarten und rhythmisch kontrollierte Übungen.

Außerhäusliche Rollenspiele werden für die Kinder immer wichtiger. Das Bedürfnis nach Zusammensein mit anderen Kindern erleichtert die Anpassung an die Gemeinschaft. Sie beginnen, auf Leistung zu achten und sich mit anderen Kindern zu messen. Vor allem für Jungen sind Konkurrenz und Wettkampf wichtige Themen, mit denen sie sich z. B. in Regelspielen auseinandersetzen. Das Spiel der Mädchen ist meistens zurückhaltender, und sie lassen sich leichter ablenken als Jungen. Auf direkten Wettbewerb und größere Risiken lassen sie sich seltener ein: sie spielen Tanz- und Berührungsspiele, Ball und Seilspringen, und in ihrem Rollenspiel ahmen sie Mütterlichkeit nach. Die Kinder beschäftigen sich in dieser Phase sehr mit der eigenen Identität. Häufig ziehen sie sich stärker in sich selbst zurück. Sie werden unabhängiger von ihren Eltern.

3.1.6. Stellungnahme

In dieser Altersstufe sollte der Gebrauch des Computers ebenfalls noch sehr mit Vorsicht verbunden sein. Rollenspiele sind hier wichtiger für den Entwicklungsprozeß. Denkbar wäre hier der Einsatz von Reaktionsspielen, bei denen die Konzentration und das Reaktionsvermögen verbessert werden kann. Die Spiele sollen keinen Wettbewerbscharakter haben, sondern auf der Ebene des „Jump und run" angesiedelt sein (Pack-Man, Mario, Mamba usw.). Es ist noch immer sinnvoll, die Zeit am PC gering zu halten. Gerade in der Anfangsphase ist es wichtig, die Fähigkeit des Abschaltens zu trainieren. D.h. das Kind sollte nur unter Anwesenheit von Erwachsenen spielen und nicht länger als 20 Minuten pro Tag. Schulpausen dürfen auf keinen Fall für diesen Zweck genutzt werden, um den Bewegungsdrang nicht zu behindern. Denkbar wäre aber, dass ein abschließendes Spielen am PC (bei Geräuschentwicklung mit einem Kopfhörer!) als Angebot für diejenigen gilt, die ihre Aufgaben schon erledigt haben. Dauer auch hier nicht länger als 10 Minuten.

3.1.7. Altersgruppe 7-12 Jahre

Um das 7. Lebensjahr herum entwickelt sich eine neue Stufe des Denkens. Kinder können jetzt Handlungen räumlich und zeitlich vorwärts und rückwärts gedanklich nachvollziehen. Dadurch werden sie in ihrem Denken beweglich. Sie können verschiedene Beziehungen gleichzeitig erfassen und miteinander in Verbindung bringen. Allerdings bezieht sich ihr Denken ausschließlich auf Dinge, die sie wirklich sehen, sowie auf Handlungen, die sie ausführen oder zumindest in ihrer Vorstellung vollziehen können. Probleme können auf einer anderen Ebene gelöst werden, da die Kinder organisierte Denkstrukturen entwickeln, d. h., sie können Gruppierungen bilden und diesen Gruppierungen z. B. Gegenstände zuordnen.

Bis zu einem bestimmten Alter können Kinder über ihre Erlebnisse nicht hinausschauen. Ihr Erleben ist unmittelbar, zeitlich nicht eingrenzbar und ohne Abstand zu den Ereignissen. Sie sind dadurch sehr abhängig von ihrem sich ständig verändernden Umfeld. Nun machen sie eine neue Erfahrung: Trotz wechselnder Umfelder und wechselnder Gefühle und Einstellungen empfinden sie ihr eigenes Sein als grundsätzlich beständig. Damit gewinnen sie einen neuen Bereich eigener Persönlichkeit und Selbsterfahrung. Kinder entwickeln zwischen dem 9. und 12. Lebensjahr ein neues Ich-Bewußtsein. Jetzt fragen sie nach den Ereignissen ihres eigenen Lebens und interessieren sich für ihre Herkunft. Kinder in diesem Alter sind in der Lage, nacheinander eintretende Situationen aufeinander zu beziehen und eine aus der anderen zu erklären oder vorherzusagen. Diese Wandlung ist eng verbunden mit der Erfahrung eigener Identität als denkendes Wesen, und sie findet im Verhalten des Kindes eine Bestätigung.

Das Abstraktionsvermögen der Kinder wächst, eine Praxisüberprüfung ist nicht mehr zwingend nötig, und sie können über ihre eigenen Gedanken nachdenken. „Zufall" und "Wahrscheinlichkeit werden für sie brauchbare Begriffe, und sie können formal - logische (Piaget) Regeln erfassen. Sie erkennen ein (gedankliches) System erst als schlüssig und wahr an, wenn die einzelnen Elemente widerspruchsfrei zusammenpassen. In diesem Alter sind sie in der Lage, Einzelheiten zueinander in Beziehung zu setzen, sie zu unterscheiden und in Gruppen zu ordnen, zu kombinieren und zu überprüfen, zu vergleichen und zu urteilen und Hypothesen zu bilden. Zukunft wird für sie vorstellbar.

Neben Rollenspielen werden nun Regelspiele für Kinder und Jugendliche wichtiger. Sie beschäftigen sich mit Konstruktionsbaukästen, Puzzles, Tangram, Detektivspielen, Sportspielen usw. Die Entwicklung der Kinder ist in diesem Alter von den Einflüssen der Schule nicht zu trennen. Die Schule formt ihr Denken und lehrt die Übernahme von Arbeitsstrukturen, die denen der Berufswelt ähneln. Sie stellt in zwei Bereichen Entwicklungsaufgaben an die Kinder: leistungsbezogene Aufgaben, die sich auf den zu bewältigenden Unterrichtsstoff beziehen, und soziale Aufgaben, die sich ad die Fähigkeit zur Kooperation beim Spiel und bei der Arbeit beziehen. Der Wettbewerb wird für Kinder in dieser Zeit wichtiger als die Kooperation, da schulisches Lernen in einer Konkurrenzsituation stattfindet.

Das Gruppenverhalten der Kinder hat sich verändert. Bildeten sie im Kindergartenalter vor allem spontan Gruppen, so werden die Gruppen stabiler. Sie halten besonders lange, wenn sich Banden bilden oder die Kinder über eine gemeinsame Tätigkeit, z- B. im Sportverein, Identifikationsmöglichkeiten haben. Mädchen bevorzugen im Gegensatz zu Jungen, die ab 7 Jahren vor allem in Gruppen spielen, zunächst das Spiel mit einer Partnerin oder einem Partner. Erst im Alter von ca. 10 bis 12 Jahren bilden sich Gruppen oder Banden mit einer festen. Struktur und einem „Anführer" oder einer. „Anführerin".

War in der Vorschulzeit und im ersten Schuljahr der Kontakt zwischen Jungen und Mädchen gegeben, so bevorzugen Kinder danach bis etwa zum 10. Lebensjahr gleichgeschlechtlichen Kontakt. Im Alter von ca. 10 Jahren sind gegenseitige Neckereien und Berührungen allerdings notwendiger Bestandteil des Spiels. Erst ab ca. 11 bis 12 Jahren werden wieder Beziehungen untereinander aufgenommen, in denen schon die ersten Flirts vorkommen können.

3.1.8. Stellungnahme

Das Interesse an formalen Operationen, an konstruktiven Aufgaben läßt sich in dieser Altersgruppe am besten durch Spiele erreichen, die diese neuen Fähigkeiten aufgreifen. Ein Spiel wie Billard, Tetris, Autorennen, Master-Mind entsprechen dem Wettbewerbsdenken und dem Wunsch, die Fähigkeit formal-logische Operationen auszuführen. Konstruktive Software, bei der z.b. ein Haus geplant und dessen Bauausführung visualisiert werden kann, kann hier den Zeichenunterricht und die Mathematik unterstützen. Auch spielerische Rechenprogramme (z.B. Lothosoft Mathe 1-2-3) oder Progamme, bei denen das Deutsch-Lernen in ein Spiel eingebaut ist, sind hier anwendbar.

Gleichzeitig sollte in dieser Altersstufe damit begonnen werden, die PC als Arbeitsmittel einzuführen. In den Fächern Maschinenschreiben/Informatik und im Fach Wirtschaftslehre sollte der PC als Arbeitsmittel für die Texterstellung und -gestaltung sowie für kaufmännische Aufgaben (Rechenblätter/Spreadsheets) eingeführt werden.

3.1.9. Altersgruppe 12 bis 17 Jahre

Die Fähigkeit, formal zu denken, hat sich im Alter von ca. 12 Jahren herausgebildet. Den Kindern ist es jetzt möglich, eine rein sprachliche Aufgabe, die sich nicht auf konkrete Gegenstände bezieht, zu lösen. Sprachliche Begriffe können jetzt anstelle konkreter Dinge zu einem umkehrbaren, veränderbaren und beweglichen System verbunden werden.

Der Körper der Kinder fängt an, sich zu verändern. Er wirkt unproportioniert, schlaksig, und ihre Bewegungen sind ungelenk. Die Mädchen sind zum Teil bereits in der Pubertät (Beginn ab ca. 10/11 Jahren), bei den Jungen setzt sie ab ca. 12 Jahren ein, im Durchschnitt. zwei Jahre später als bei den Mädchen. Manche Kinder entwickeln sich körperlich schneller, andere sehr viel langsamer, es gibt häufig Abweichungen von diesen Richtwerten. Die körperliche, emotionale und soziale Entwicklung verläuft nicht gleichzeitig. Kindlich wirkende Jugendliche können sozial und emotional sehr weit entwickelt sein. Jugendliche, die bereits sehr erwachsen aussehen, können dabei noch sehr kindlich sein. Zwischen dem biologischen und sozialen Erwachsensein gibt es eine Kluft, da die

Jugendzeit in unserer Gesellschaft u. a. durch die Ausbildungszeit sehr viel länger als die körperliche Entwicklung dauert. Der zentrale Konflikt der Jugendzeit liegt im Übergang zwischen Kindheit und Erwachsenenalter.

Mit dem Erwachsenwerden sind neben der körperlichen Entwicklung auch viele psychische und soziale Entwicklungsschritte verbunden. Diese sind je nach der Persönlichkeit und dem Umfeld von Jugendlichen leichter oder schwerer zu bewältigen. Dazu gehört, dass sie zu ihrem neuen Körper eine Einstellung entwickeln. Sie werden zunehmend selbständig und lösen sich aus ihrer kindlichen Abhängigkeit von der Familie. Sie loten aus, wer sie selbst sind, welches Wertesystem, welche moralischen Vorstellungen sie haben. Sie entwickeln nach und nach ein Selbstverständnis für ihre Rolle als Frau oder Mann, im Beruf, in der Familie und als Staatsbürger und Staatsbürgerinnen. Wie die Entwicklungsanförderungen von den Jugendlichen gestaltet und bewältigt werden, hängt neben ihrer Persönlichkeit davon ab, wie stark sie psychischen Belastungen ausgesetzt sind. Ist die Belastung sehr hoch, ziehen sich Jugendliche oft zurück. Mädchen suchen häufig Trost bei Menschen, denen es ähnlich wie ihnen selbst geht, und sie versuchen häufiger als Jungen, ihre Schwierigkeiten gemeinsam mit Freunden und Freundinnen und Eltern zu lösen.

Viele Jugendliche teilen die Ansichten ihrer Eltern, aber es kann vorkommen ,dass bestimmte oder sogar alle Bereiche ihres Lebensumfeldes eine grundsätzliche Umbewertung erfahren. Dadurch entwickeln sich in jeder Generation immer wieder neue Richtungen der Jugendkultur. Die Jugendkulturen bieten den Jugendlichen eine große Gemeinschaft. Ihre Zugehörigkeit wird über bestimmte Musik, Kleidung, Symbole usw. zum Ausdruck gebracht. Dadurch können sie sich selbst zu erkennen geben und Gleichgesinnte erkennen. Es gibt feste Zugehörigkeiten zu bestimmten Gruppen sowie einzelne Freundschaften. Jugendliche bewegen sich zunehmend in einem außerfamiliären Beziehungsnetz, in dem unterschiedliche Beziehungsformen vorkommen. Sie gewinnen dadurch Orientierung, Stabilisierung, emotionale Geborgenheit, Ihre Beziehungen stellen einen sozialen Freiraum dar, in dem eigenes Verhalten ohne große Gefährdung erprobt werden kann. Dieser Freiraum unterstützt sie bei der Ablösung von ihren Eltern. Es bieten sich Identifikationsmöglichkeiten, die Möglichkeit, einen eigenen Lebensstil auszuprägen und sich vor anderen selbst darzustellen. Während Elf- bis Dreizehnjährige Freundschaften eingehen, um etwas zu unternehmen, suchen Vierzehn- bis Sechzehnjährige in Freundschaften eher emotionale Sicherheit. Die Schule ist ein Ort, an dem Jugendliche am leichtesten soziale Beziehungen knüpfen. Sind sie bereits in der Lehre, so verlagert sich dies auf die Freizeit. Durch den Eintritt in eine Lehre verändert sich im Leben der Jugendlichen viel. Sie erleben Erfolg, * Misserfolg, Bestätigung und Minderwertigkeitsgefühle nicht mehr aus dem schulischen Alltag heraus, sondern aus ihrem Lehr- und Arbeitszusammenhang. Schüler und Schülerinnen werden in ihrer Identitätsentwicklung mehr durch ihre Gruppenzugehörigkeit und ihre Eltern unterstützt. Auszubildende, die ähnlichen Anforderungen ausgesetzt sind wie Erwachsene, stehen unter einem höheren Anpassungsdruck als gleichaltrige Schüler und Schülerinnen. Durch ihre Berufswahl haben sie im Gegensatz zu Schülern und Schülerinnen, deren Zukunft noch relativ offen ist eine klare Zukunftsvorstellung, die in vieler Hinsicht bereits festgelegt ist (vergl. Piaget/ Inhelder 1972 sowie Oerter/Montada 1987).

3.1.10. Stellungnahme

Die sich abzeichnenden Ablöseprozesse in der Pubertät sollten auch in der Unterrichtsgestaltung ihre Entsprechung finden. Selbständige, eigenverantwortliche Lernprozesse sind bis hinunter zu Lernbehinderten möglich. In offenem Unterricht und in Freiarbeit (Montessori) kann nun den PC als selbstverständliches Arbeitsmittel eingesetzt werden. Dabei können neben der oben erwähnten Texterstellung auch die Arbeit mit Datenbanken, Lexika und dem Internet als Informationsquelle eingesetzt werden. Spielerische Möglichkeiten müssen hier ein anspruchsvolleres Niveau haben. Spiele, die Kombinatorik, Wissen und Spielvergnügen miteinander koppeln, können hier eine sinnvolle Ergänzung des Unterrichts sein. Beispiele sind z.B. die Spiele „Civilization" und „Age of Empire" sowie eine kleine Zahl anderer Programme, die wirtschaftliche und/oder soziale Entwicklungsprozesse simulieren und es ermöglichen, komplexe Vorgänge aus den Sozialwissenschaften bzw. der Politik auf einer anderen Ebene zu erfahren.

3.2. Didaktik des multimedialen Unterrichts

Zweifelsfrei hat der Einsatz von Multimedia-Techniken, vor allem aber auch von klassischen PC- Anwendungen eine besondere Bedeutung. Beim normalsichtigen Erwachsenen laufen 80% aller Informationen über den visuellen Kanal, nur wenige Menschen machen sich Gedanken darüber, dass wir so einseitig ausgerichtet sind. (Kritik z.B. bei Berendt, J.E.: Ich höre, also bin ich, Goldmann-Verlag). Auch der Normalsehende leidet unter zeitweiliger Einschränkung der Funktionstüchtigkeit dieses Kanals, wenn er z.B. durch Scheinwerfer geblendet wird, schneeblind wird oder einen Fremdkörper im Auge hat. Außerdem gibt es einen natürlichen Ermüdungseffekt.

Dieser Ermüdungseffekt erfordert ebenso didaktische Konsequenzen. Ruhephasen, wie sie bei Normalsehenden bei Bildschirmarbeit gesetzliche Pflicht sind, müssen bei dieser Schülergruppe noch größer sein. In diesen Phasen können dann Tätigkeiten ausgeübt werden, bei denen die konzentrierte Aufmerksamkeit der Augen nicht mehr oder nicht mehr so sehr gefordert ist, z.B. beim freien Malen, beim Gesellschaftsspielen, beim Hören von Musik.

Der Computer hat, trotz seiner hohen Belastungsmomente(s.o.) gegenüber traditionellen didaktischen Hilfsmitteln eine große Akzeptanz. Um diesen positiven Effekt erreichen zu können, müssen folgende Voraussetzungen geschaffen werden:

    a) eine ergonomische Arbeitsposition

    b) Schwenkarme für die Auflage von Büchern, Monitorkonsolen oder besser noch spezielle Computerarbeitstische, wie sie auch die freie Wirtschaft verwendet mit Stühlen, die an die Körpergröße der Schüler angepasst werden können.

    c) optimale Beleuchtung und Sehabstand muss einstellbar sein.

    d) Farbe, Kontrast und Heiligkeit muss individuell einzustellen sein. Dies ist unter Windows '98 (siehe Kapitel 3) gegeben.

    e) Benutzerspezifisch muss auch die Schriftgröße einstellbar sein. Eine weitere Möglichkeit sind Lupensoftware wie z.B. Zoom-Text, mit der ein bestimmter Bildschirmbereich hervorgehoben wird.

    f) Die Schüler müssen ab der 5. Klasse im Fach Maschinenscheiben an den Gebrauch der Tastatur gewöhnt werden und auch die anderen Fächer sollten zur Vertiefung, den PC zunehmend als Hilfsmittel verwenden.

Der weiterführende Gebrauch des Computers als Hilfsmittel zum Lernen und Arbeiten darf im anbrechenden Multimedia-Zeitalter nicht nur dem erweiterten Bildungsangebot oder dem Fach Wirtschaftslehre/Informatik überlassen bleiben. Wann immer es möglich ist, auf Datenbestände zuzugreifen, sollte der Computer eingesetzt werden, sofern sich die Software dazu eignet.

Im Grundschulbereich kann der Computer auch als Ergänzung für die Frühförderung gebraucht werden, z.B. zur Förderung der visuellen Wahrnehmungsfähigkeit oder zur Schulung der Augen-Hand-Koordination. Für die Schüler ist es auch aus einem weiteren Grund notwendig, dass sie sich intensiv mit dem Computer vertraut machen: Er hat einen hohen Stellenwert bei der Vorbereitung auf das Berufsleben .

3.3. Voraussetzungen effektiven Multimediaeinsatzes

Wenngleich bei allen Schülern besonderes Interesse an der Anwendung von Multimedia vorliegt, so muss dennoch kritisch hinterfragt werden, ob es tatsächlich einen didaktischen Gewinn gibt, der sich aus der Anwendung mehrerer Medien gleichzeitig ergibt.

Weidenmann gibt die radikale Kritik von Clark (1983) wieder:

"Die aktuelle Diskussion um Multimedia fokussiert auf die Bedeutung medialer Präsentationsweisen für den Lernprozess. Damit wiederholt sich eine Phase der Lehr-Lern-Forschung, die für die 60er Jahre charakteristisch war. Ein Unterschied ist allerdings festzuhalten- während seinerzeit die Suche nach "wirksamen" Medienattributen dominierte und sich dafür eine intensive unterrichtstechnologische Forschung entfaltete (vgl. Dallmann & Preibusch, 1974), ist heute ein fragloser Optimismus verbreitet, dass die durch neue Technologien ermöglichte Vielfalt an Medien, Codes und Modalitäten das Lernen optimieren werde. Diese Orientierung läuft Gefahr, dass zugunsten der Oberfläche der medialen Angebote dessen Struktur aus dem Blickfeld gerät. Die Geschichte der Lehr-Lern-Forschung ist aber als Lektion dafür zu lesen, dass es primär die Struktur, die implizite didaktische Strategie von Lernangeboten ist, die den Lernprozess maßgeblich beeinflusst.

Am konsequentesten vertritt Clark (1983, 1994) diese Position. Empirische Unterschiede beim Vergleich medialer Lernangebote sind demnach auf die inhärente Methode, das 'Treatment", zurückzuführen. Das technische Medium ist laut Clark lediglich Transportmittel und irrelevant für den Lernprozess. Allenfalls kann das eine Medium ökonomischer oder komfortabler sein als ein anderes. Die kognitiven Prozesse, die zum Lernen erforderlich sind, werden dagegen durch die Methode, d.h. durch die Strukturierung des Inhalts im jeweiligen medialen Angebot, beeinflusst. Diese Erkenntnis ist folgenschwer für das Thema dieses Beitrages, weil sie die Bedeutung von Multimedia, Multicodierung und Multimodalität für den Lernprozess relativiert. Für die Gestaltung multimedialer Angebote wäre demnach zuerst die Struktur-, Strategie-, Methoden-Entscheidung zu treffen und erst danach zu fragen, mit weichen Medien, Codierungen, Modalitäten usw. sie sich am besten realisieren lässt." Weidenmann, 1995, S.78).

Eine weitere Kritik fügt Klimsa hinzu:

"In vielen Studien findet man genaue Prozentangaben über die Leistung einzelner Sinne. Treischler (1967) hat darauf hingewiesen, dass das Lernen des Menschen sich prozentual über folgende Sinneskanäle vollzieht- 1 % durch den Geschmackssinn, 1,5% durch den Tastsinn, 3,5% durch den Geruchssinn, 11 % durch das Hören und 83% durch das Sehen. Dabei können die Menschen 10% durch Lesen, 20% durch Hören, 30% durch Sehen, 50% durch Sehen und Hören, 70% durch Sehen und Sprechen und 90% durch Sehen und selbst Tun behalten. Abgesehen von Zweifeln an der Allgemeingültigkeit dieser Prozentangaben (z.B. keine Vergleiche für unterschiedliche Anwendungsarten im Wechsel mit verschiedenen Rezipienten usw.) und am zugrundeliegenden Bild des Menschen als einer quantifizierbaren 1nformationsverabeitenden Maschine", müsste man davon ausgehen, dass der gleichzeitige Einsatz mehrerer Medien für Informations- und Lernprozesse vorteilhaft ist. Wie jedoch die Studie von Wagenaar et al. (1984) zeigte, kann man solch einfache Schlußfolgerungen nicht ziehen. Wagenaar et al. stellten fest, dass die gleichzeitige Informationspräsentation in visueller und auditiver Form keine bessere Errinnerungsleistung zur Folge hatte als nur die auditive Form. In einem Experiment nutzten sie die Kombination von Bildern und Wörtern und wiesen dadurch nach, dass bisensorisch rezipierte Informationen schlechter erinnert werden als man dies durch die jeweilige Kombination erwarten könnte. Wickens et al. (1983) stellten zudem in bezug auf die Übereinstimmung zwischen Reizen und Reaktionen bei der Ausführung einer Aufgabe fest, dass die höchste Kompatibilität zwischen auditiven Stimuli und verbalen Reaktionen dann erreichbar ist, wenn sie mit sprachlichen Aufgaben kombiniert werden. Zwischen visuellen Stimuli und haptischen Reaktionen liegt die höchste Übereinstimmung in Verbindung mit räumlichen Aufgaben vor. Das Zusammenspiel mehrerer Sinneskanäle bei der Nutzung von Multimedia ist also keineswegs eindeutig und mit Prozentangaben wiederzugeben. Sicher ist hingegen, dass " Lerner nutzen bei der Auseinandersetzung mit dem System sechs semantische Kategorien: Objekt, Ereignis, Standort, Zeit, Eigenschaft und Handlung. (Klimsa, 1995, S. 19). Die Behaltensleistung kann von Anwendung zu Anwendung in Abhängigkeit von konkreten Aufgaben und individuellen Wahnehmungsfaktoren variieren." (Klimsa, 1995, S. II f).

Es fällt auch Klimsa auf, dass die Komponenten Aufmerksamkeit, Motivation, Emotion und Soziale Interaktion und Kooperation in diesen Betrachtungen nicht auftauchen. Klimsa schreibt deswegen weiter, dass im Prozeß des Wissenserwerb, der ein aktiver ist, Exploration, Anpassung an die eigenen informationellen Bedürfnisse und *Anwendung in einem vom Nutzer selbstdefinierten Lernkontext... im Licht der konstruktivistischen Forschung ...eine wichtige Voraussetzung für effizienten Multimediaeinsatz ist.* (Hervorhebung durch den Verfasser) (vergl. ebd.. S. 13). Einfacher ausgedrückt und auf schulpraktische Bedürfnisse abgestimmt bedeutet dies, dass sich der Einsatz von Multimedia - wie jeder anderen Lerntechnologie nur dann lohnt, denn er handlungsbezogen ist (vergl. das Kapitel über Handlungsorientierung).

In diesem Zusammenhang weist Klimsa noch auf die Forderung von Bush von anno 1945 hin, dass Nutzer/Schüler Hypermedia-Systeme nach ihren Bedürfnissen umgestalten können sollten(vergl. ebd.). Inzwischen ist technisch die Möglichkeit dazu gegeben (vergl. Kapitel über Autorensysteme). Die Anwenderfreundlichkeit dieser Systeme ist schon so groß, dass sie von Lehrern genutzt werden kann. Für Realschüler und Gymnasiasten dürfte es inzwischen auch möglich sein, kleinere Projekte zu realisieren. (vergl. Projekt audiovisuelle Kopplung im Kapitel Musik).

Für den effektiven Einsatz von Multimedia sind noch weitere Tätigkeiten des Lehrers notwendig:

Nach den Forschungen von Lurija (Lurija 1992, S.265) müssen z.B. durch den Lehrer neue Informationen zuvor stets angekündigt werden. Sonst verliert sich der Lerner im Stoff. Eine weitere Aufgabe besteht darin, das Programm dem Lernniveau des Lernenden anzupassen (sog. Adaption), weil sonst keine ausreichende Motivation oder eine Überforderungssituation entsteht. Demgegenüber ist jedoch einzuwenden, dass es bildungsökonomisch nicht zu leisten ist, jedem Schüler sozusagen sein eigenes Lernprogramm zu liefern. Dagegen ist es für einen Lehrer leichter, einem Schüler zusätzliche Aufgaben mit höherem Anspruchsniveau aus einem Schulbuch vorzuschlagen, wenn er der Klasse voraus ist. Möglich wäre auch, ein „Adventure" als Belohnung anzubieten, das seinerseits eine anspruchsvolle Aufgabenstellung enthält.

Wie Klimsa mit Hinweis auf Marmolin beschreibt, ist Lernsoftware auch differenziert zu beurteilen, je nachdem, um weiche Benutzergruppe es geht: ""Wenn ein Lerner bereits zahlreiche Erfahrungen auf bestimmten Gebieten gemacht hat, ist für ihn eine textuelle Form der Repräsentation die günstigste." (Klimsa, ebd.. S. 18). Auf der anderen Seite steht für Schüler mit geringen Vorerfahrungen, und die muss man bei städtischen Kindern nach gängiger Meinung immer mehr erwarten, ein exploratives, will sagen konkret handlungsorientiertes Lernen notwendig. Software-Einsatz, zuerst in der Form von textunterstützten Bildern, sind erst als nächste Stufe sinnvoll. Dies entspricht der naiven, aber wohl richtigen Annahme vieler Lehrer, dass vor dem Umgang mit Software die Erfahrung mit" Realität' stehen müsste, Auch versierte Lerner, die ein völlig neues Wissensgebiet betreten, arbeiten zu Beginn mit einem „entdeckenden Lernen" (vergl. Klimsa, ebd.. S. 18).

3.4. Auswahlkriterien für Lern-Spielsoftware

Um festzustellen, ob es sich bei einer Software um ein didaktisch-methodisch brauchbares Produkt handelt, muss der/ die Lehrer/in ähnlich vorgehen wie bei der Einführung eines neuen Lehrbuches. Wenn Schüler vor Langeweile hin und her rutschen, wenn sie vor Verzweiflung die Haare raufen, wenn sie alle drei Minuten nach dem Lehrer rufen, weil sie im Programm festhängen, so ist mit Sicherheit etwas nicht in Ordnung. Dies ist natürlich nicht wissenschaftlich, also etwas differenzierter:

a) Ein Programm sollte so viel Hilfefunktionen haben, dass sich ein/e Schülerin ohne fremde Hilfe zurechtfinden kann. Umfangreiche Handbücher sind unpraktisch, besser ist eine gute Einführung am Computer, möglichst spielerisch, vielleicht mit eine Demonstration eines Lernverlaufs oder eine „Hilfsfigur", die durch das Programm führt. Außerdem sind situative Hilfen praktisch, die in einer bestimmten Situation weiterhelfen.

b) Die Führung durch das Programm ist abhängig von der Ausrichtung (Pattern-Drill versus Adventure). Wichtig ist jedoch, dass der Spielstand/das Level gespeichert werden kann und dass damit Lernfortschritte bzw. Lücken wieder erinnerbar bleiben für den nächsten ‚Anlauf'. Ganz wichtig ist es, dass man jederzeit das Programm unterbrechen kann, d.h. dass eine Schüler/in nicht minutenlang nach dem ‚Ausgang/EXIT steuern muss. Für den/ die Lehrer/in kann diese Geduldsprobe sonst sehr belastend für den Unterrichtsablauf werden.

c) Der Programm sollte eine witzige oder zumindest ansprechende Spielidee haben. Lernbehinderte profitieren allerdings oft auch von einfachen Aufgaben bzw. Adventures sind zu schwer zu durchschauen.

d) Die Bilder i die Grafik sollte ansprechend sein, geschmacklose Farben sind heute nicht mehr nötig, da man fast mit Farbbild-Qualität arbeiten kann. Videos sollten so groß sein, dass man sie ohne Ermüdung der Augen anschauen kann und für einen/e Schüler/in nicht länger als ca. eine Minute dauern.

e) Sprecher/Musik müssen gut gewählt sein. Sprecherstimmen und stupide, sich ständig wiederholende Phrasen, die evtl. auch noch demotivierend sind, gibt es tatsächlich und sind kein gutes Omen. Geräusche sollten realistisch sein.

f) Wenn es Texte gibt, müssen sie natürlich von der Altersgruppe erfasst werden können.

g) Die Korrektur von Fehlern soll behutsam, aber konsequent und sofort erfolgen. (vergl. Kap. Fremdsprachen, dort Humboldt Basiswortschatz Englisch).

h) Preis-Leistungs-Verhältnis: Gute Lernsoftware / Adventures kosten als Einzellizenz ab 70 DM aufwärts. Für diesen Preis bekommt der/ die Lehrer/in auch eine hervorragend illustriertes Buch.

3.5. Methodische Fragen

Freiarbeit/Neuropsychologische Gründe

Wie im Kapitel über die Einsatzmöglichkeiten skizziert wurde, gibt es heute schon eine zunehmend große Zahl an Einsatzmöglichkeiten für den Computer im Unterricht. Die Gretchenfrage für die pädagogische Methodik der Zukunft wird es nicht sein, ob oder ob nicht, sondern bestenfalls über das „Wie" das neue Medium eingesetzt werden wird. Im Kapitel über die Entwicklungspsychologie wurde aufgezeigt, dass sich der Autor gegen einen verfrühten Einsatz des Computers sperrt.

Dabei ging es nicht nur um gesundheitliche Fragen, sondern auch um Bewegungsdrang und Bewegungslernen, echte Multidimensionalität der Wahrnehmung und damit des Lernens, um soziale Aspekte und last not least auch um die normale psychische Entwicklung der Kinder/Schüler.

Mit zunehmendem Alter, also etwa ab der 5. Klasse, sollte man sich dem Computer nicht mehr verschließen. Allerdings müssen neben den oben genannten didaktischen Voraussetzungen auch räumliche Umgestaltungen an den Klassenzimmern vorgenommen werden, wie im Kapitel 5.5.

beispielhaft dargestellt werden wird.

Das wichtigste Problem jedoch ist ein methodisches :Wie lässt sich der Multimedia-Computer in den Unterricht einbauen. Dazu soll kurz einmal rekapituliert werden, welche Unterrichtsmethoden bisher verwendet wurden.

3.6. Zur pädagogischen Begründung von Freiarbeit

In den 70er Jahren entzündetet sich die pädagogische Kritik an den traditionellen Formen von Unterricht , vor allem am Frontalunterricht, den man mit inhaltlicher Entfremdung und Bevormundung gleichsetzte. Im gleichen Zug wurde auch Kritik an der übertrieben detaillierten Unterrichtsplanung laut; stattdessen sollte das Planungsmonopol zumindest teilweise vom Lehrer auf die Schüler verschoben werden, indem eine neue Form der Zweckrationalität eingesetzt wurde.

Die Schüler sollten ihre Subjektrolle Weder entdecken, ihre Bedürfnisse und Wünsche sollten im Unterricht Gehör finden, sollten thematisiert und in den Unterrichtsverlauf einfließen.

Schon 1935 hatte Dewey die Ohnmacht und die verordnete Passivität radikal kritisiert: "Der äußerlich dargebotene Stoff, der von dem Kinde fernliegenden Standpunkten und Einstellungen erfaßt und geschaffen und aus fremden Motiven entwickelt wurde" könne nur durch „konventionellen Drill" in die Kinder hineingetrieben werden. (Dewey, 1935, s.158). Totes, so Dewey weiter, Mechanisches werde ohne innere Beteiligung gelernt.

Eine neue Qualität des Lernens (vergl. Reiß/ Böhnl/ Eberle 1992, s. 9) sollte entstehen, oder wie Groddeck es nannte, „eine prinzipielle Subjektgebundenheit von Lehr- und Lernprozessen in der Schule" (Groddeck, 1983, s. 621). Damit Schüler und Schülerinnen motiviert mitarbeiten konnten, wurde die Verknüpfung von Leben und Lernen in den Mittelpunkt einer neuen Pädagogik gerückt.

Für effektives Lernen muss die Motivation und das Interesse der Schüler aufgegriffen werden. Selbststeuerung, intrinsische Motivation und Motivation waren die Schlagworte dieser neuen Richtung. Während umgangssprachlich Motivation und Interesse fast synonym verwendet werden, unterschiedet die Erziehungswissenschaft. Der formale Motivationsbegriff, so Krapp, decke nur Einzelaspekte von Interesse ab.(vergl.Krapp,1988). Nahe dem Begriff des Interesses liegt der intrinsischen Motivation. Intrinsische Motivation kommt ohne externe Verstärkung und ohne physiologische Verursachung aus (vergl. Deci/Ryan,

1985). Die Entwicklung von Kompetenz und die Arbeit auf der Basis von Selbstbestimmung sind die Konsequenz einer Arbeit auf der Basis intrinsischer Motivation. Das Bedürfnis nach Kompetenz besagt, dass Individuen sich solchen Stimuli bzw. Sachverhalten zuwenden, die eine optimale Herausforderung an die eigenen Fähigkeiten darstellen und somit Kompetenzzuwachs ermöglichen (Schiefele/ Winteler 1988, 21.19). Eine intrinsische Selbstbelohnung' findet jedoch nur dann statt, wenn der Kompetenzgewinn in einer selbstbestimmten Situation erfolgt ist.

Viele Forschungsarbeiten belegen die Zusammenhang zwischen intrinsische Motivation und Schulleistungen. (Berlyne 1978, Hunt 1965, Csitkszentmihalyi 1985).

Bei diesen Theorien stand bisher nur das „Warum" im Vordergrund, nicht das „Was" und damit die Frage nach den Bildungsinhalten.

Die pädagogische Interessentheorie konnte die Bedeutung des Inhaltes für das Lernen verifizieren. (vergl. Feldstudie Eigler/ Macke/ Nenniger 1983). Sowohl umgangssprachlich als auch wissenschaftliche darf die Förderung des Lernprozesses durch vorhandenes Interesse als selbstverständlich vorausgesetzt werden.(vergl. Hofer 1986, Hurrelmann/Wolf 1986). Interesse kann ein zeitlich begrenzter oder ein dauerhafter Bezug einer Person zu einem Gegenstand sein. Wichtig ist, dass dieser Bezug sowohl eine Inhalts- auch eine Beziehungsebene hat, mithin Kognition, Emotion und Wert miteinander verschränkt sind. Im kognitiven Bereich ist ein Gegenstand verknüpft mit einem differenzierten Begriffssystem und einem umfangreichen Repertoire an Handlungsschemata. Im emotionalen Bereich ist der Gegensand mit positiven Gefühlen verbunden. Im Wertbereich wird dem Gegenstand eine besondere Wertschätzung entgegengebracht. Es ist wichtig festzuhalten, dass die pädagogische Theorie des Interesses hervorhebt, dass von generell interessierten Schülern nicht gesprochen werden kann. Nur bei dem Vorhandensein von Lernvoraussetzungen kognitiver bzw. emotionaler Art dürfte der Begriff anwendbar sein. Dieser Zusammenhang wird in der Grafik dargestellt.

Abb. 36: Interesse und Textverstehen (nach Schiefelen/Winteler 1988, S.67.

Erlebtes Interesse
Verstehensprozeß
Verstehen eines Textes
Motivationale Lesemerkmale
thematisches Interesse

KognitiveLesemerkmale
Vorwissen
Lesefertigkeit
Lesestrategien

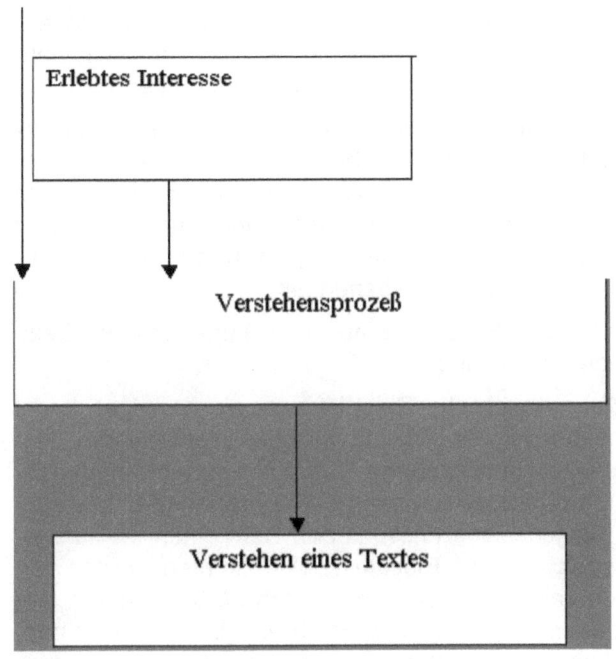

In der Motivationsforschung spielen neben den kognitiven und emotionalen Variablen des Vestehensprozesses noch die Aktivierung (Arousel), die Aufmerksamkeit und das Flow-Erleben eine Rolle. Die Bedeutung der Aufmerksamkeit ist wissenschaftliche umstritten. (Shirey/Reynolds 1988; Hidi 1990; Nell 1988; Hidi/McLaren 1988)

Neurologisch-psychologische Gründe

Wenn ich meine 11 -jährige Schülerin E. betrachte, kann ich eine Menge über das Lernen erfahren. E. ist geistig behindert. Trotzdem ist sie im Vergleich zu den anderen in der Klasse ein As in Englisch. Ich würde zwar nicht behaupten , dass sie Englisch kann, aber sie kann sich die englischen Pendants zu deutschen Wörtern gut merken. Wenn ich sie Frage, was „Schrank heißt, so blickt sie in den hinteren Klassenraum und weiß sofort „cupboard". Wenn ich nach. „Bleistift" frage, so bewegt sie den Finger so, als ob sie einen Bleistift in der Hand hielte, und antwortet dann „pencil". Wie man sehr leicht verstehen kann, hat sie sich ein abstraktes Wort in Assoziation mit einem realen Gegenstand bzw. einer Blickrichtung gemerkt.

Werden Kinder reifer, so blicken sie nicht mehr in die Richtung, sondern blicken dorthin, wo der Gegenstand gespeichert ist, d.h. der Blick wandert nach innen, was man an der Augenstellung überprüfen kann.

Wenn wir als Erwachsene eine Fremdsprache lernen, so orientieren wir uns an einer schon vorhandenen Wissensbasis. Das kann ein Wortbild sein, ein Klang, den wir schon gehört haben. Wir setzen dabei auch Strukturierungswissen ein, wie z.B. Signalerkennung auf akustischer oder optischer Ebene. D.h. wir setzen, im Gegensatz zur Schülerin E. immer höher angesiedelte Assoziationsebenen ein.

Wie aber wirkt sich nun diese Erkenntnis auf die Pädagogik aus? Dazu ein Zitat aus der Intelligenzforschung:

„Die Wissensbasis: Der menschliche Geist ist zwar ein wichtiger, kaum aber der einzige Wissensspeicher. Die ägyptischen Töpferwaren, Homers Dichtung, Bibliotheken und moderne Computer haben ein charakteristisches Merkmal mit dem menschlichen Geist gemeinsam: Sie stellen relativ dauerhafte Speicher des Wissens dar. Betrachten wir kurz einen solchen Wissensspeicher, eine Bibliothek. Wie könnten wir das dort gesammelte Wissen charakterisieren? Verschiedene Möglichkeiten bieten sich an. Zunächst einmal könnten wir einfach eine Liste aller vorhandenen Bücher aufstellen. Wir könnten uns zweitens am organisatorischen Aufbau der Bibliothek orientieren. Eine dritte Möglichkeit bestünde darin festzustellen, wie die Benutzer vorgehen, um ein bestimmtes Buch zu finden. Diese Liste ist sicher noch nicht vollständig, doch die Beispiele vermitteln eine Vorstellung davon, wie man versuchen könnte, an das in einer Bibliothek speicherte Wissen methodisch zugehen. Ganz ähnliche Strategien lassen sich anwenden, wenn man das menschliche Wissen verstehen will. Man könnte dreierlei identifizieren: was eine Person weiß, wie dieses Wissen organisiert ist und durch weiche Prozesse es verfügbar gemacht wird. Nur wenige Psychologen, die sich mit der Informationsverarbeitung beschäftigen, haben sich für den ersten dieser drei entschieden. Der Grund dafür liegt der Hand. Jeder durchschnittliche Erwachsene verfügt über eine fast unglaubliche Menge an Informationen Simon (1981) beispielsweise schätzt, dass professionelle Schachspieler mehr als 50 000 mit dem Schachspiel zusammenhängende Einzelinformationen speichert haben, und hier handelt sich ja nur um einen eng begrenzten Ausschnitt der Wirklichkeit. Eine Katalogisierung des von einer einzelnen Person gesammelten Wissens wäre deshalb eine solche Herkulesarbeit, dass kaum jemals der Versuch dazu unternommen wurde. Darüber hinaus wird das Ergebnis eines solchen Unterfangens nur die Beschreibung des Wissens eines einzigen Menschen. Die *innerhalb einer gemeinsamen Kultur lebe den Erwachsenen haben einen grob Teil ihres Wissens gemeinsam, aber nicht unbedeutender Teil ist idiosynkratisch und differiert erheblich einer Person zur anderen.* (Hervorhebung durch den Autor).Die mit der Informationsverarbeitung befassten Psychologen haben deshalb ihr Interesse auf die Organisation des menschlichen Wissens und auf die Prozesse konzentriert, durch die es aufgerufen wird" (Kail,/Pellegrino, 1988, S. 56)

Die Assoziationsebenen unterscheiden sich nicht nur durch die Intelligenz (der Autor will an dieser Stelle keine Diskussion über den Begriff, vergl. dazu Gardner 1993, Goleman 1995, Poignée 1997a), sondern auch die Assoziationen sind individuell unterschieden, auch wenn es machen Teile bei vielen Menschen gleich sind. Damit sieht ein Assoziationsmuster eines Menschen wahrscheinlich anders aus als das eines anderen. Damit sind Assoziationen, die eine Lehrperson vermitteln will, nur für einen Teil der Schülerlnnen intenalisierbar. , Es ist vielmehr davon auszugehen, dass Verstehen eine begriffliche Operation des Lerners ist, dass er sein Denken selbst baut und konstruiert, wobei jeder höchst individuell lernt. wenn aber ein Schüler ein solcherart sich selbst organisierendes " autopoietisches System" ist, kann ein Lehrer allenfalls anregen und begleiten, spezifische Lernprozesse in Gang setzen, seine Lernwelt zu „modellieren" (vergl. Kösel 1993, Poignée 1997, S. 1 ff, vergl. Maturana 1984 Kap. 9) Es muß, damit alle effektiv lernen, eine aktiver Wissenserwerb durch die Schüler stattfinden, während dessen sie ihre eigenen Assoziationen finden. Ein Möglichkeit dabei ist das praktische Arbeiten.

Nächste Seite: **Abb. 37: Eine individuelle Assoziationsstruktur am Beispiel des Memorierens des englischen Wortes „pencil-case".** Es zeigen sich sowohl induzierte Assoziationen als auch individualisierte.

Pencil-Case

Ist aus Leder

Da sind meine Bleistifte drin

Hat die Farbe beige

Hat wohl etwas mit „pencil" zu tun.

Ich habe einen im Ranzen

Ich sollte mir eigentliche ein Neues kaufen, weil der Reißverschluss klemmt

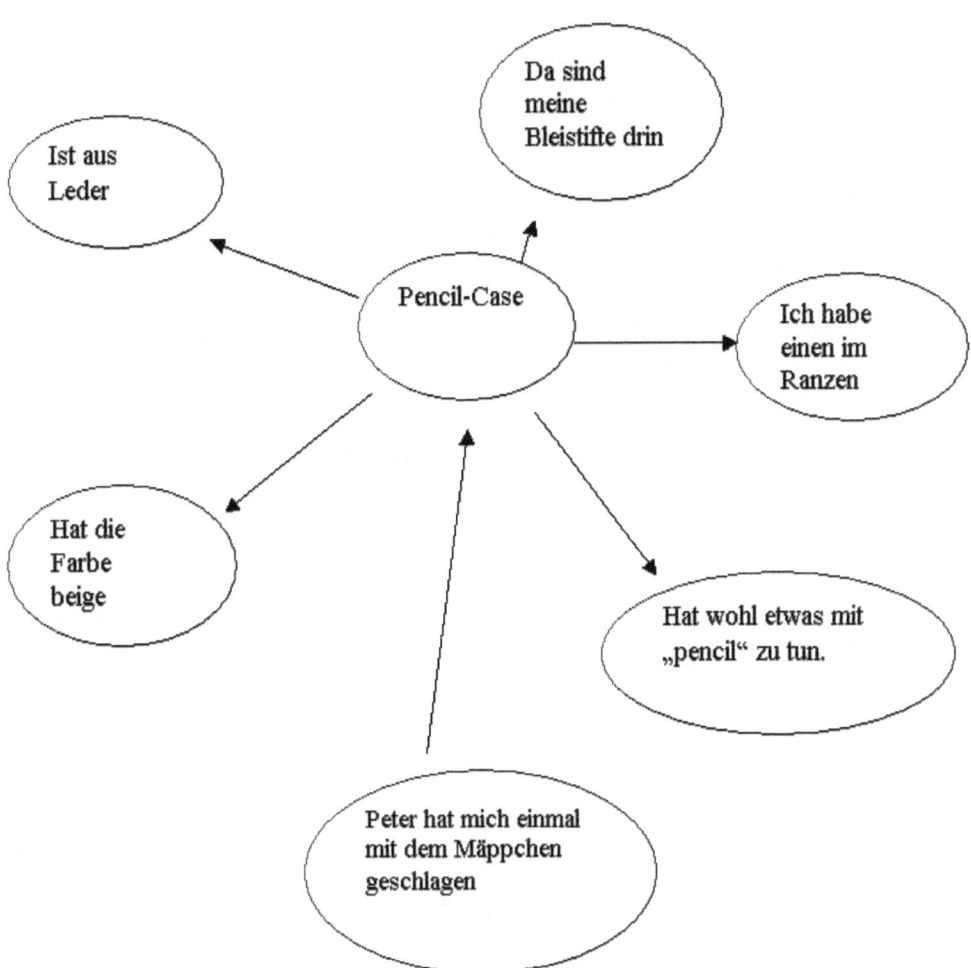

3.7. Warum Freiarbeit für multimedialen Unterricht?

Solange Schule als Bildungsinstitution verstanden wird - der Bildungsauftrag des baden-württembergischen Schulgesetzes ist ein sehr anspruchsvoller -, ist die Initiierung von Lemprozessen notwendig, die Individuen ermöglichen, zur Welt ein aufgeklärtes und handlungsorientiertes Verhältnis zu gewinnen und gleichzeitig sich die Weit in ihren wichtigen Aspekten und Problemen aufzuschließen, wobei die in der Vergangenheit erarbeiteten Wissensbestände in Kunst, Literatur, Musik, Sprachen usw. entscheidende Erklärungshilfe leisten können. Gegenüber einer reinen Vermittlungsdidaktik, die den Könner und Kenner zum allmächtigen Repräsentanten von Kompetenzbeständen macht, kommt es aber entscheidend darauf an, dass die Schule genügend Anlässe und Gelegenheiten bereitstellt, mit denen und in denen ein lernendes Individuum eigene Interessen und Vorlieben entwickeln kann, selbst etwas für wichtig erachten und entsprechend bearbeiten kann, das Lernen in die eigene Hand nimmt, um das eigene Verhältnis zu den Problemen der Weit, das Wissen über sie und über menschliche Deutungsmuster zu konstituieren. Dies ist vielleicht das Wichtigste in einer recht verstandenen Bildungsarbeit.

Vermittlungsdidaktik hat sich auch aus einem ganz einfachen Grund überholt. Das exponentielle Wachstum der Wissensbestände seit der Jahrhundertwende hat - mit ungebrochener weiterer Tendenz - dazu geführt, dass niemand sein Fachgebiet mehr überblicken kann, man denke nur an die Veränderungen im Bereich der Geographie, der Politik, der Wissenschaftstheorie in Physik und Chemie, an die Veränderungen der Mutter- ebenso wie die der Fremdsprache. Das Wissen veraltet heute etwa alle 20 Jahre komplett. Somit ist es heute objektiv unmöglich, „omnes omnia" zu vermitteln.

Einen weiteren Schwachpunkt kann man im Bereich der Unterrichtstheorie ausmachen. Frontalunterricht ist nach wie vor dominant. Es soll Klassen geben, die Gruppen- und Partnerarbeit überhaupt nicht kennenlernen.

Wenn man Unterricht versteht als eine Veranstaltung, die bei Lernenden Lernen bewirken soll, kann man diese Art von Unterricht nur als eine sehr archaische Form verstehen. Sie folgt der Vorstellung, dass ein von einer/einem Lehrerin/Lehrer durchgeführter Unterricht immer 20 - 30 Lernprozesse synchron initiiert, realisiert und zu einem Ergebnis führt. Dies ist sicher eine große Illusion. (vergl. z.B. Wahl,D/.Weinert,F.E:/Huber,G.L.1984 , s. 47). Lernprozesse, die man in der Regel nicht genau und differenziert genug indizieren kann, werden wahrscheinlich nur teilweise vollständig synchron zum abgehaltenen Unterricht laufen. Häufiger werden sie unstet verlaufen, also später anfangen, irgendwann einmal abbrechen, wieder beginnen oder frühzeitig beendet bleiben. Auch 20 - 30 aufmerksame Augenpaare werden keine gesicherten Hinweise auf real ablaufende Lernprozesse geben. Das kann nur heißen, dass einfallsreichere Arrangements gesucht werden müssen, die Lernen wirklich realisieren helfen. Ein weiteres Problem besteht darin, dass bei lehrerorientiertem Unterricht das Lerntempo an einem angenommenen Durchschnitt orientiert ist, nur orientiert sein kann, so dass recht viele Schüler und Schülerinnen ihr Lerntempo nicht finden. Die Folge wird sein, dass abgebrochene, nicht in Gang gekommene und im Tempo verzerrte Lernprozesse schließlich zur Kumulation von Halb-, Nicht-Verstandenem führen. . Man bezeichnet dies dann gern als Lernschwierigkeiten, sogar Lernbehinderungen, die als individuell verschuldet angesehen werden. Selbstbestimmtes, -verantwortetes Lernen kann hier andere Lernmöglichkeiten eröffnen.

Gründe aus der Lerntheorie

Wenn Lernen im Keim ein individueller Prozess ist, der im günstigen Fall durch soziales Lernen angeregt wird, sind Überlegungen unausweichlich, in welcher Weise über den herkömmlichen vermittelnden Unterricht hinaus Schülerinnen und Schüler befähigt werden, ihr Lernen selbst in die Hand zu nehmen. Konkret bedeutet dies, ihnen Möglichkeiten zu eröffnen, ihre Lernprozesse, wenn sie aus welchen Gründen auch immer mit dem Frontalunterricht nicht synchron laufen konnten, „nachsteuern" zu können. Weiterhin müssen sie ihren Lerntyp, ihre Lernstrategien, ihre Lern- und Arbeitstechniken finden, um selbständig die Erreichung der gesetzten Ziele anstreben zu können. Hier scheint eine noch weithin ungenutzte Chance zu liegen, Lernen erfolgreicher zu gestalten. Die Zeit-, Handlungs- und Materialstrukturen des Unterrichts bedürfen in dieser Hinsicht einer dringenden Ergänzung durch Formen offenen Unterrichts. So gesehen bekommt Freiarbeit eine gar nicht zu unterschätzende Bedeutung. Sie kann das Lernarrangement sein, das schulisches Lernen erst zu der für jeden Lerner/jede Lernerin notwendigen Qualität bringt.

Erzieherische Gründe

Wenn in der Schule für jeden Schüler/ jede Schülerin ein zeitlicher Rahmen von mindestens 4 Unterrichtsstunden pro Woche entsteht, könnte die Vision Realität werden, nach der die gegenseitige Hilfe, Anregung,

Beratung, gemeinsames Lernen, tutorielle Hilfe (Schülerinnen helfen Schülerinnen), Ermutigung und Erklärung das Lernen in der Schule tatsächlich bestimmen. In der Freiarbeit ist es kein Problem, bei einem Anderen zuzuschauen, wie er die gestellten Aufgaben löst, den Mitschüler zu fragen, wenn man etwas nicht versteht, mit der Mitschülerin zusammen zu arbeiten. Solidarität, Empathie, Kooperation können Realisierungschancen bekommt, die der Frontalunterricht so nie anbieten kann. Bei selbstbestimmtem Lernen erfährt man, was ein Anderer sich vornimmt, wie er arbeitet, welche Hilfen er benutzt. Man beobachtet seinen Umgang mit einer Lernkartei, wie er sich Bücher besorgt, welche Lernweisen er praktiziert. Man erfährt auch mehr von Schwierigkeiten, die ein Anderer hat, man überlegt wie man sie selbst meistem würde, man kann Tips geben, Mut machen, sich Problemlösungen zuwenden, die man sonst gar nicht als nötig erfahren würde. Freiarbeit löst den Klassenverband auf, um Lernen besser voran zu bringen.

Immanente Gründe

Das Medium Computer verändert grundlegend die Unterrichtsform des/r Lehrers/in und die Raumgestaltung des Klassenzimmers. Dies zu übersehen wäre Blindheit. Warum sollte z.B. ein Schüler darauf verzichten, ein Multimedialexikon im Bereich der Geographie zu benutzen, warum sollte er nicht einen Video-Film-Überblick über den Verlauf des 1. Weltkriegs ansehen und warum sollte er kein Englisch-Wörterbuch am Computer verwenden? Mit der Verwendung des Computers . klinkt sich der Schüler aus dem Verband der Klasse aus. Er kann nicht an einem Rundgespräch, an einer erörternden Gespräch gleichzeitig teilnehmen, geschweige denn an einem Lehrervortrag. Somit muß sich die Methodik an das neue -Medium anpassen. Wie könnte dies aussehen? Freiarbeit mit festgelegen Unterrichtszielen, die sich am Lehrplan bzw. dessen Freiheiten orientiert, kann ein guter Weg sein. Die Schüler haben ihren Tages- oder Wochenplan und verwenden unterschiedliche Informationsquellen und Lernmöglichkeiten, um das Ziel zu erreichen. So könnte z. B. das Kapitel. Bruchrechnen nach einer Einführung durch einen Lehrervortrag in Gruppenarbeit mit Arbeitsblättern sowie einem Computer-Lernprogramm erarbeitet werden. Der Lehrer hat nun die Möglichkeit, die Schüler bei ihren individuellen Lernstrategien zu beraten. Ein großer Vorteil ist das individuelle Zeitmanagement, die Möglichkeit in Phasen hoher geistiger Regsamkeit Anspruchsvolles zu erlernen, dann wieder Routinetätigkeiten auszuführen (vergl.ScheppachJ.1996). Der Lehrer/in kann sich besonders starken oder schwachen Schülern zuwenden, um ihnen den Stoff noch einmal nahezubringen, während andere sich am

Computer an der Anwendung perfektionieren.

Um zu vermeiden, dass Schüler in einer Situation lernen sollen, in der sie seelisch angespannt sind, kann der Lehrer/in im normalen lehrerzentrierten Unterricht einen „Schongang einlegen". Bei der Freiarbeit ist dies nicht nötig, da der Schüler/in selbst das Lerntempo bestimmen kann und damit auch Zeiten für Ruhe und Entspannung.(Bergk in Bastian, J. u.a. Hrsg. 1987)

Forschungsergebnisse

Bauer schreibt: "Multimedia eignet sich aufgrund der dargelegten Eigenschaften überwiegend für das Lernen eines *einzelnen Menschen*. Das entscheidende Merkmal, die Möglichkeit der *Interaktivität,* verlangt die Reaktion und die Entscheidung des Individuums Schüler (in eingeschränkten Fällen vielleicht auch die einer Gruppe). Der individuelle Lernweg, der Spaß und die Freude am entdeckenden Lernen - gerade in Hypermedia-Programmen die persönlichen Lernvoraussetzungen und -erfahrungen, lasten ein "neues" Lernen und damit auch eine neue Schule zu. Schülerzentriertes Arbeiten und Lernen in Hypermedia-Arbeitsumgebungen, wie sie in dem Modellversuchen COMPIG und OPTIS (1989190) in Nordrhein-Westfalen erprobt wurden, bestätigen dies:

a) Die Möglichkeiten des Zusammenwirkens von Multimedia- - Datenbestand, Suchwerkzeugen, Arbeitsmappe und Lernwerkzeugen in der Arbeitsumgebung eröffnen für die Kinder ein wesentlich eigenaktiveres Tun: ein entdeckendes und für konstruierendes Lernen und produktives Schreiben und Kalkulieren.

b) Durch Hypermedia-Arbeitsumgebungen wird ein Lernen in hinreichend komplexen Sinn- und Sachzusammenhängen angeregt und die Konstruktion subjektiven Wissens unterstützt.

c) Die Kombination von Texten, Bildern und Tönen in Hypermedia-Datenbeständen erfüllt kindliche Grundbedürfnisse und regt Gefühle an ...

d) Handlungsorientierte Dokumente führen aus der Datenbank heraus und hinein in Handlungen und Diskussionen am Arbeitsplatz der Kinder ...

e) Animierte Simulationen führen zu einem "tieferen" Erleben und zu einer Denken in Abhängigkeiten und Zusammenhängen. Systematisches Denken wir so grundgelegt." (Werkstattbericht 5, 1994, S. 22).

Ähnliche Erfahrungen wurden in einem zweijährigen Lehrerfortbildungsmodell (1993194) in Bayern gewonnen: "Ein interaktives Hypermedia-System ist ... ein Netzwerk von möglichen Wegen, das selbstbestimmtes, entdeckendes Lernen ermöglicht, nötig macht. Moderne, interaktive Computerlernprogramme verändern die Rolle de Schülers entscheidend, er muß Lernstrategien entwickeln, die zum Erfolg führen, e muß seinen individuellen Weg finden, er muß lernen, wie er am besten lernt (Büchner, 1995, S. 15)." (cit nach Bauer, 1995,S. 389f)

Auch der konstruktivistische Ansatz in der Pädagogik, wie er sich in dem der Forschungsanlage des sog. „situierten Lernens" niederschlägt, kommt zu ähnlichen Ergebnissen; So schreiben Mandl/Gruber/Renkl:

„In der Instruktionspsychologie wurden seit Ende der 80er Jahre mehrere Ansätze entworfen, die sich auf die theoretischen Annahmen zur Situiertheit von Wissen Lernen beziehen. Ein auffallendes, wesentliches Merkmal der meisten die instruktionalen Modelle ist, dass sie explizit in der Verwendung neuer Technologie speziell im Einsatz von multimedialen Lernumgebungen - geeignete Möglichkeiten zur erfolgreichen Umsetzung situierten Lernens sehen (Duffy & Jonassen, 1992). Instruktionsansätze situierten Lernens schlagen Lernen durch aktives Lösen komplexen Problemen vor; dadurch soll die Anwendungsqualität des erworbenen 1 konstruierten Wissens erhöht werden. Die jeweils erfolgte theoretische Ausarbeitung ist natürlich von Ansatz zu Ansatz unterschiedlich. Die Gemeinsamkeiten die Ansätze lassen sich in folgenden grundlegenden Forderungen für die Gestaltung Lernumgebungen zusammenfassen:

Zusammenfassend kann man sagen, dass Freiarbeit, Projektarbeit, handlungsorientiertes Arbeiten sich am besten als Basis für multimediale Arbeit eignen:

a) Komplexe Ausgangsprobleme. Als Ausgangspunkt des Lernprozesses soll ein interessantes und intrinsisch motivierendes Problem dienen. Die Aneignung des Wissens soll durch das „Lösen-Wollen" des Problems motiviert sein. Damit wird Wissen auch sogleich in einem Anwendungskontext erworben.

b) Authentizität und Situiertheit. Die Lernumgebung soll den Lernenden ermögliche , mit realistischen Problemen und authentischen Situationen umzugehen und damit einen Rahmen und Anwendungskontext für das zu erwerbende Wissen bereitstellen.

c) Multiple Perspektiven. Die Lernumgebung soll dem Lernenden multiple Kontexte anbieten, um sicherzustellen, dass das Wissen nicht auf einen Kontext fixiert bleibt, sondern flexibel auf andere Problemstellungen übertragen werden kann. Zudem wird den Lernenden die Möglichkeit gegeben, Probleme aus multiplen Perspektiven zu betrachten. Dadurch lernen sie, Inhalte unter variierenden Aspekten bzw. von verschiedenen Standpunkten aus zu sehen und zu bearbeiten. Dies soll die flexible Anwendung des Wissens fördern.

d) Artikulation und Reflexion. Als weiteres Mittel, der Gefahr vorzubeugen, dass Wissen, das im Kontext der Lösung eines bestimmten Problems erworben wird, an eben diesen Problemkontext gebunden bleibt, sollen Problemlöseprozesse artikuliert und reflektiert werden. Damit soll die Abstrahierung des Wissens gefördert werden. Abstrahiertes Wissen in diesem Sinne unterscheidet sich von *abstraktem* Wissen darin, dass es mit Situationsbezügen verknüpft und damit anwendbar ist.

e) Lernen im sozialen Austausch. Lernumgebungen sollen dem sozialen Kontext einen wichtigen Stellenwert zuweisen. Kooperatives Lernen und Problemlösen in Lerngruppen sollen ebenso gefördert werden wie gemeinsames Lernen und Arbeiten von Lernenden mit Experten im Rahmen situierter Problemstellungen" (Mandl/Gruber/Renkl 1995, S. 170f)

3.8. Freiarbeit im Aufbau

Freiarbeit sollte in vier Phasen ablaufen:

1. Strukturierungsphase, die dem Thema einen Gesamtrahmen und einen Überblick gibt: Der Bezug der Schüler zum Thema wird überprüft, die Einzelthemen ausgefächert und die verschiedenen Arbeitsmöglichkeiten durchgesprochen.

2. In der Wahlphase suchen sich die Schüler Arbeitsschwerpunkte und sichten das Lernmaterial. Ein Grobplan wird erstellt und Gruppen gebildet.

3. In der Erarbeitungsphase wird eine differenzierter Arbeitsplan aufgestellt und ein Teilthema bearbeitet. Das Ergebnis wird so aufbereitet, dass es vor der Klasse vorgestellt werden kann.

4. In der Vermittlungs- und Reflexionsphase werden die Arbeitsergebnisse präsentiert, der Lehrer/in ergänzt. Die Ergebnisse werden diskutiert, auch Probleme bei der Erarbeitung überdacht.

Da die Freiarbeit in Form eines Wochenplans organisiert ist, müssen auch Phasen der Erholung, der freien Lernzeit, Zeiten für Erholung und Frühstück/ Mittagessen eingeplant werden. Da nicht alle Lehrer sich immer in ein Thema einbinden lassen, müssen auch diese Stunden in die Grobplanung mitbedacht werden. Wenn es eine Projektwoche gibt, ist es natürlich möglich, alle Aktivitäten auf ein Thema auszurichten.

Gerade in der Erarbeitungsphase kann nun unter anderem auf das Multimediatalent des Computer zugegriffen werden. Datenbanken aus Geschichte, Kunst, Musik, Grammatik oder Religion können als ein Informationsmedium genutzt werden.

In der Vermittlungsphase ist es möglich, -eine Wandzeitung mittels des Computer zu erstellen, eine Präsentation (z.B. mit MS-Powerpoint) oder Bilder aus dem Internet in einen Lerntext einzubauen. Die Notwendigkeit der mündlichen Präsentation garantiert den kommunikativen Aspekt der Arbeit.

Kritisch ist zu dieser Arbeitsweise anzumerken, dass, im Gegensatz zur klassischen Vermittlungsdidaktik und sogar zur klassischen Freiarbeit, wie sie z.B. aus der Montessori- oder Freinet-Pädagogik bekannt ist, nicht weniger, sondern mehr Einarbeitung der Lehrperson notwendig ist. Es ist also arbeitsökonomisch sicher sinnvoll zu fragen, ob - auch im Rahmen von Freiarbeit - jedes Thema multimedial erarbeitet werden sollte.

3.9. Umgestaltung eines Klassenzimmers für multimedialen Unterricht

Ausgangspunkt der Überlegungen war ein praktisches Problem: Die Vermittlung lebenspraktischen Wissens im Fach Englisch bei einer Klasse von lernbehinderten und sehbehinderten Schülern. Als erster Ansatz wurde die Aufteilung des Klassenraumes geändert, so dass es möglich wurde, mit unterschiedlichen Methoden unter Einbezug der Möglichkeiten des Computers zu arbeiten.

Nach der Umgestaltung des Klassenzimmers standen nun folgende Lern/Erholungsbereiche zur Verfügung.

1. Tafel: Lehrer kann Schüler in ein neues Thema einführen, kann Arbeitsanweisungen für eine neue oder längere Arbeitsphase notieren, damit sie den Schüler/innen immer präsent sind. Arbeitsvorschläge der Schüler/innen können hier von den Schüler/innen fixiert werden. Brainstorm zu neuen Aufgaben werden von den Schüler/innen angeschrieben.

2. Lehrerpult: Der Lehrer hat einen festen Punkt - ebenso wie der Schüler, an den er sich zurückziehen kann. Er kann dort von den Schülern angesprochen werden, wenn er nicht selbst gerade eine wichtige Aufgabe zu erledigen hat. Gesprächsbereitschaft kann durch ein formales Signal (z.B. rote oder grüne "Ampel"-Karte signalisiert werden. z.B. darf ein laufendes Gespräch mit einem Schüler/innen nicht unterbrochen werden.

3. Ruhe-Sofa oder Matratzenecke: Die Arbeit am PC beeinflusst unbestreitbar- auch bei Einhaltung aller ergonomischer Regeln (s.o.) die Haltung und die Körperspannung der Schüler/innen. Es ist deshalb unumgänglich, dass es eine Platz gibt, an der man sich entspannen kann, an dem man gymnastische Übungen macht oder sich gegenseitig den Nacken massiert.

4. Radio-Recorder-CD-Player: Zusammenhängende Texte, z.B. Lesestücke in Deutsch, fremdsprachliche Text, Musik zur Entspannung oder zur Erleichterung des Lernens (vergl. Suggestopädie). Wünschenswert mit einem Kopfhörer, um die anderen im Raum nicht zu stören. Texte können so beliebig oft gehört werden, bis sie endlich verstanden sind.

5. Computer: Arbeitsmittel zum Erstellen von Texten und um Begriffe und Vokabeln nachzuschlagen: Software: Nachschlagewerke, Fremdsprachenwörterbücher, Vokabeltrainer, Spiele, Textverarbeitung, Datenbanken, evtl. Internet-Anschluss. eventuell Vernetzung mit anderen Klassenzimmern, anderen Schulen, die auch vernetzt sind. Datenaustausch per Email mit anderen, möglichst gleichartigen Schulen.

6. Arbeitstische: Variabel zusammenstellbare, flache Tische: Hier können Gruppenaktivitäten stattfinden: Malen von Postern, Brettspiele, Diskussionen, Abhören von Vokabeln (mündliche Arbeit), Schreiben der wöchentlichen Arbeitsberichte.

7. Schränke/teilweise offene Regale: Ablage von Ordnern, Arbeitsheften, Stellplatz für Bastelmaterialien, Spielen, Karteikästen, Ablagen für erledigte Arbeitsblätter.

8. Arbeitstische, höhenverstellbares Mobiliar zum Schreiben von Notizen zur konzentrierten Eigenarbeit: Karteikärtchen Schreiben, Lesen in Büchern, Erstellen von Notizen, Protokollen.   (siehe Schaubild nächste Seite)

9. Zimmerpflanzen: Sie verschönern nicht nur das Klassenzimmer und verbessern den Sauerstoffgehalt der Luft, sondern einige von Ihnen „schlucken" sogar die gesundheitsschädlichen Stoffe, die von Computern und Druckern abgegeben werden. Dennoch, häufiges Lüften ist ein Muss, besonders nach der Anschaffung neuer Geräten.

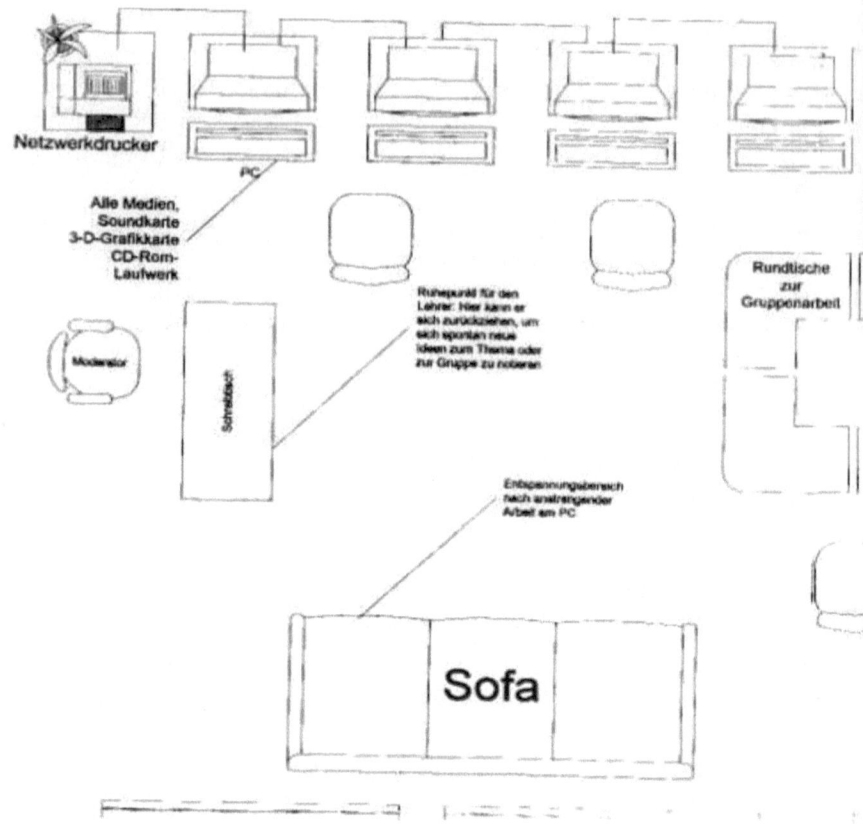

Abb. 38: Zimmergestaltung mit multimedialen Gesichtspunkten

3.10. Exemplarische Unterrichtsansätze

a) Musik

Eine achte Klasse erprobt im Fach Musik den Umgang mit dem Sequenzer-Programm Music 2000. Sie stellt einen Hip-Hop-Titel zusammen. Dazu wird ein Tanz erfunden, mit der Videokamera aufgenommen und per Medienverknüpfung zu einer einheitlichen Präsentation mit Hilfe von Powerpoint mit dem Musik-Titel verbunden.

b) Bildende Kunst

Eine fünfte Klasse zeichnet im Fach Bildende Kunst eine Großstadt aus Quaderelemente. Die Zeichnung wird koloriert. Danach wird sie farbig eingescannt und mit dem Grafik-Bearbeitungsprogramm Photomagic künstlerisch entstellt. Ausstellung der Ergebnisse an einer Schultafel. Das Thema „Bilder der Großstadt" kann mit Fotos aus Zeitschriften, die in der Bibliothek gesucht werden, zu einer Plakatwand verbunden werden.

c) Englisch

Eine sechste Klasse lernt im Fach Englisch das Thema „Sportarten". Nach dem Erlernen der Verben suchen sich die Schüler am Computer mit Hilfe eines multimedialen Bildlexikons (Das große Bildwörterbuch) die Fachbegriffe für amerikanischen Football, lassen sich die Begriffe anzeigen und vorsprechen und schreiben sich die Vokabeln ins Heft, um sie durch den Schreibvorgang noch besser merken zu können. Ein Rollenspiel in der nächsten Stunde (Put on your...") vertieft den Lernvorgang.

d) Musik

Eine siebte Klasse lernt im Fach Musik ein israelisches Lied. Zu dem Lied besteht bisher keine Lernassoziation. Mit einem geographischen Programm suchen sich die Schüler Informationen über die aktuellen politischen, geographischen und demographischen Daten. Die Inhalte werden in Gruppenarbeit besprochen und im Heft fixiert.

In der 8. Klasse wird in der UE Hymnen (National-,Fußball- usw) das Lied „We are the champions" von Queen nachgespielt. Der Lehrer kann sich die Akkorde aus dem Internet besorgen (Suchbegriff: Queen+Tabs). Die Schüler bekommen den Auftrag, sich aus dem Internet Informationen über die Geschichte der Band zu besorgen. Das Biologiethema AIDS lässt sich über die Biografie des Lead-Sängers Freddy Mercury verbinden.

e) Geschichte

Eine neunte Klasse beschäftigt sich im Fach Geschichte mit dem Zweiten Weltkrieg. Der Lehrer gibt durch Tafelanschrieb einen Überblick über die wichtigsten Ereignisse und deren Zusammenhänge. Die Schüler sehen sich in dem multimedialen Lexikon von Digital Publishing den Verlauf mit Hilfe von Videos und Reden auf CD an. In der nächsten Stunde wird das Thema durch eine Gruppenarbeit „Strategische Ziele der Kriegsgegner" noch einmal aus anderer Perspektive aufgegriffen.

f) Englisch

Im Englischunterricht wird das Thema „Nahrungsmittel" behandelt. Die Schüler erhalten eine CD, auf der sie sich die gängigsten Lebensmittel in einem Satzkontext einprägen können (vergl.Humboldt: Grundwortschatz, CD-Rom), wobei die Wörter nicht nur als Text lesen können, sondern auch vorgesprochen bekommen. Parallel dazu gibt es in der Freiarbeit die Möglichkeit, ein Lied mit diesem Inhalt auf dem Kassettenrecorder anzuhören.

g) Physik

Im Fach Physik werden Einfalls-/Ausfallswinkel behandelt in Verbindung mit dem Impulssatz Die Schüler üben anschließend, da es keinen Billardtisch in der Schule gibt, die praktische Anwendung mit dem Programm „Pool Champion". Hier können nicht nur Impuls, Richtung im Bandenspiel, sondern zusätzlich noch die Wirkung des unterschiedlichen Aufsetzen des Queues auf die weiße Kugel erprobt werden. Es findet ein Mannschaftswettbewerb statt.

Im Fach Physik wird die Massenanziehung behandelt. Mit dem Programm "Encarta 2000" von Microsoft werden zusätzliche Informationen (hier: Umlaufbahn des Mondes) hinzugezogen.

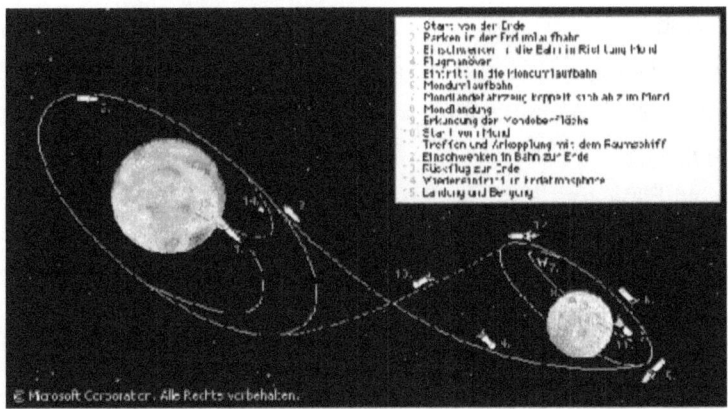

h) Französisch

Im Fach Französisch werden die wichtigsten Verben einer Restaurantsituation gelernt. Notwendige Zusatzwörter können sich die Schüler im Wörterbuchprogramm am PC besorgen. Anschließend wird im Lernprogramm "„Französisch" von Digital Publishing am PC angehört. Der Dialog kann beliebig oft wiederholt werden. Bei den dazugehörende Satzübungen man, wenn man im Menü auf "REC" geklickt hat, die eigene Aussprache aufnehmen. Die Wiedergabe der Originalaufnahme im Vergleich zu Ihrer eigenen Aufzeichnung wird danach wiederum automatisch gestartet.

i) Unterrichtseinheit in WVR (Baden-Württemberg: Wirtschaft-Verwalten-Recht)

Thema: Produktpolitik eines Handyherstellers

An Hand dieses Beispiels können die Schüler der 8 bzw. 9 Hauptschulklassen praktisch erfahren, was es bedeutet, eine neues Produkt zu entwickeln, welche Voraussetzungen für den Herstellen gegeben sein müssen, was er an Informationen über die Verbraucher braucht, mit welchen Verkaufsargumenten er an den Markt gehen kann und welche Zielgruppe er ins Auge fassen kann.

1. Einführung: Der Lehrer/in erläutern die Möglichkeiten, die ein Hersteller beim Marketing hat. Die Schüler / innen erhalten den Auftrag, sich in der Stadt Zeitschriften und Prospekte zu besorgen befassen.

2. Motivation

Bilder mit Nokia-Handys.

Info- und Arbeitsblatt: Marktforschungs-Ergebnisse

3. Fragen

Erarbeitung mit Flip-Chart (Funktionen von Handys)

Diskussion (Probleme kleinere Handys, Kosten von Handys)

4. Gruppenarbeit zur Produktpolitik

Materialen Arbeits-/Infoblatt

Leerfolien, Stifte, Flip-Chart incl. Zubehör

Zeitschriften und Prospektmaterial (von Schülern gesammelt)

5. Unterstützung beim Medieneinsatz durch Fachlehrer, z.B. beim Scannen von Zeichnungen.

6. Präsentation der Ergebnisse der einzelnen Gruppen mit Multimedia-PC und Beamer. (Hinweis: Im Anhang findet sich eine kurze Notiz zur Präsentation von Bildern und handgeschriebenen Texten mit Hilfe eines Beamers und eines Schreib-Pads.)

Gemeinsame Beurteilung der Präsentationen und der Produkte(-politik) Beschreibung des Ablaufes der Gruppenarbeit.

7. Reflektion der Effektivität der Gruppenarbeit

zu 3. Motivation: Bilder mit Nokia-Handys

Infoblatt zur Vorstrukturierung der Gruppenarbeit

Der Handyhersteller Nokia ist bekannt für seine qualitativ hochwertigen Handys.

In kommenden Jahr wird der Absatz von Handys in Europa durch Sättigungstendenzen stagnieren.

Die Marktforschung hat außerdem folgendes ermittelt:

Kleinere Hersteller werden in Nischenbereichen immer stärker

Die Nutzer legen immer höheren Wert auf spezielle Funktionen. Dadurch bekommen die Nischenbereiche immer größere Bedeutung.

Personen ab 60 Jahren sind die am stärksten wachsende Kundengruppe.

Extrem kleine Handys finden nicht den erwarteten Absatz. Die Gründe werden im Augenblick von der Marktforschung ermittelt.

Fragen:

1. Welche Funktionen sind in Handys möglich oder denkbar?
2. Welche Funktionen und Merkmale sind für ältere Nutzer wichtig?
3. Warum bleiben die Absatzzahlen extrem kleine Handys vermutlich hinter den Erwartungen zurück?

Gruppenarbeit:

Machen Sie Vorschläge für die Produktpolitik von Nokia und gehen sie hierbei auf die Ergebnisse der Marktforschung ein.

Entwerfen Sie ein Handy, das die Ergebnisse der Marktforschung berücksichtigt und auf Bedürfnisse ältere Nutzer eingeht. Entwerfen Sie m.H.v. Grafikprogrammen ein neues Gerät oder zeichnen Sie ein Gerät und scannen es anschließend zur weiteren Einbindung in eine Dokumentation.

Präsentieren Sie das Ergebnis mit Hilfe von Powerpoint, Word oder in HTML.

Von jeder Gruppe sollte ein Werbeträger ausgearbeitet und präsentiert werden.

Es stehen Einzel-PCs und ein PC mit Internetzugang zur Verfügung.

Entscheidungen der Produktpolitik

Qualität Änderung vorhandener Produkte	Verpackung Schutz des Produkts notwendig	Sortiment Sortimentstruktur = Sortimentstiefe (Varianten eines Produktes) + Sortimentsbreite (unterschiedliche Produkte)	Kundendienst technischer KD = Beratung ET-Versorgung Reparatur kaufmännischer KD = Probelieferungen Umtausch, Kulanz
Entwicklung neuer Produkte	Optische Gestaltungsmöglichkeiten		
Umweltverträglichkeit	Umweltverträglichkeit		
Grund- und Zusatznutzen	Materialkosten und des Verpackungsprozesses		

Mögliche Funktionen von Handys

- Internetfähigkeit Banking
- Börsenkurse
- Organizer, Kalender
- Wecker
- Spiele
- T9-Wörterbuch
- MP 3-Player
- Vibrationsalarm
- Voice-Control
- Datenschnittstelle
- IR-Schnittstelle
- Austauschbare Cover
- Hilfe

Probleme kleinerer Handys

- hoher Preis
- schwierigere Bedienung
- kleines Display
- Verlustgefahr
- Leistung (z.B. Akku)

1. Beispiel: Ergebnis einer Gruppenarbeit:

Ein echter Allrounder

Sortiment:

Stärkere Differenzierung des Modells 6210, für ältere Leute eine größere Variante mit größerem Display und Tasten.

Qualität:

-aus stabilem Plastik, das es beim Herunterfallen nicht zerbricht.

-ca.120 g leicht

-Standby:55-260 Std.

-Sprechzeit: 2,5-4,5 Std.

-LI-Akku

-D2-Wap

-D2-Message

-SMS mit automatischer Worterkennung

-Infrarot

-Vibrationsalarm

-Voice Dial

-Terminkalender

-3 Spiele

-Dual Band

-SMS Mitteilungen senden und empfangen bis zu 160 Zeichen

-Bildmitteilungen s. u. e. bis zu 150 SMS oder bis zu 50 Bildmitteilungen

-Speicherfunktion (Speicher für Namen bis zu 500)

Produktgestaltung

-sollte größer sein

Verpackung

-sollte eine kleine Verpackung haben mit einer Sichthülle zum Handy

Umweltschädlichkeit:

-wiederverwertbare Materiale benutzen

Kundendienst (Service)

-Garantiedauer 1Jahr

-Reparatur beim Händler (austauschbare Komponenten)

-Hotline (kostenlos)

2. Beispiel: Ergebnis einer Gruppenarbeit:

Produktpolitik:

Sortiment:

Kauf kleinerer Handyhersteller mit geringer Kapitaleinlage, um mehr Geld in die Weiterentwicklung der Hi-End-Handys zu stecken.

Ausweitung der Produktpalette

Auch anspruchsvolle/spezielle Kundenwünsche können erfüllt werden

Verpackung:

Technische Beschreibung auf der Verpackung (ausführlich)

Design: jahreszeitbedingte Motive (z. B. Weihnachten)

Größe der Verpackung: 20:1 (Verpackung – Handy)

Material: Aufbewahrungsbox aus umweltfreundlichen Kunststoffen – um für die Komponenten wie Ladegerät, Ladestation und Anleitungen einen sicheren Platz zu bieten

Optische Gestaltung: Transparent, angeklebter Informationszettel

Transparente Verpackung:

Man hat weniger Produktionskosten, da jede Verpackung gleich aufgebaut ist.
Die Informationszettel werden dann je nach Handy-Typ aufgeklebt
Man sieht gleich das Original-Handy, ohne erst die Verpackung zu öffnen.

Kundendienst:

kostenlose Kundenhotline über Telefon

Internet ⇒ genauste Infos zu Problemen, Neuerungen und Zubehör

Reparatur: Bei technischem Defekt ⇒ Anspruch auf ein neues Handy

Qualität:

Erfüllung einzelner Kundenwünsche durch viele verschiedene Handys, die bestimmte Funktionen ausführen können, die der Kunde auch wirklich benötigt.

Robuste, mangelfreie Ware ⇒ ständige Qualitätskontrollen

Bei jedem Handy: gute Qualität; Preis richtet sich strikt nach der Ausstattung.

Handy:

Alu-Gehäuse

Hochauflösendes Farb- LCD-Display

integrierte Videokamera (Bildtelefon)

Ortungssystem

IV. Zusammenfassung

I. Relevanz

Multimediatechniken können traditionellen Unterricht nicht ersetzen. Aus der Motivationspsychologie weiß man, dass es notwendig ist, dass Grundlagen für Versehensprozesse gelegt werden Dazu muß ein persönlicher Bezug zur Lehrperson vorhanden sein oder diese muß den Bezug zum Thema schaffen. Nur unter optimalen Verhältnissen kann man davon ausgehen, dass jeder Schüler unmittelbar für ein Thema zu interessieren ist.

Ein aktiver Lernprozeß wird nur zu einem Teil von Medien und damit auch multimedialen Medien bestimmt. Ebenso \Nichtig ist der situative Kontext, Konstituenten wie Sequenzierung, Lerntyp des Schülers und des Lehrers, kognitive Elaboration und die didaktischen Funktionen des Lehr-Lem-Prozesses (z.B. Feedback, Leistungsbeurteilung, Lemhilfen, Zielvorgaben, Erwecken auf Aufmerksamkeit und Neugier). (vergl. ausführlich hierzu Strittmatter/Mauel 1995).

II. Drill-Funktionen

Viele Computerprogramme übertragen spielerische Arten der Stoffvertiefung im Unterricht nur auf die Oberfläche eines Computers. Solche Drillprogramme können nur dann sinnvoll eingesetzt werden, wenn mit Freiarbeitsphasen gearbeitet wird, in denen jede/r Schüler/in im eigenen Tempo Stoff so lange wiederholen kann, bis er/sie ihn verstanden hat.

III. Sachausstattung

Die Arbeit mit vielen Medien verlangt eine adäquate Ausstattung der Schulen und er Massenzimmer mit CD-Spieler, MC-Spieler, Computern und den schon aus der Freiarbeit bekannten Möblierungen. Es ist auch notwendig, dass Schulen sich, wie in anderen Fächern auch, einen Etat für Software zulegen, aus dem nach pädagogischen Gesichtspunkten aus der Fülle der sich ständig verbessernde Programme neue angekauft werden.

IV. Lerntempo

Vorteile bringen auch echte Multimediaprogramme, die durch Verknüpfung von Wort, Bild und Ton Lernvorteile bieten, indem sie nicht vorhandenes Anschauungsmaterial ersetzen können und die Möglichkeit bieten, nach individuellem Lerntempo Lektionen durchzuarbeiten. Auch sie eignen sich am besten eine Ausrichtung an einem Wochenplan mit Freiarbeitsphasen.

V. Abenteuer-Lernen

Echte Erneuerungen der Pädagogik bringen sog. Adventures, d.h. Abenteuer-Programm, die eine Verknüpfung unterschiedlicher Themen bieten und damit auch dem Postulat des fächerübergreifenden Arbeitens entsprechen. Auch ihr Einsatz verlangt ein Einarbeiten der Lehrperson in ein Programm, ist also keine Arbeitsentlastung. Ein Vorteil dürfte dabei der spielerische Übungseffekt, der folgende Komponenten hat:

a)   Vertiefung des erworbenen Wissens (Anwendung in simulierten Realsituationen im Fremdsprachenunterricht.

b)   Verknüpfung mit anderen Wissensgebieten (Simulationen im Biologie, Cemie, Physik)

c)   Hebung der Aufmerksamkeit durch veränderte Rahmenbedingungen und automatische Konzentration als Einzelarbeiter am Computer

d)   Aktivierung durch Spannung (Lösen von Aufgaben, auch komplexerer Art, Adventures.

f)   Einsatz zur Veranschaulichung mikroskopischer und makroskopischer Vorgänge (Elektronenmikroskop, Sternbilder)

g)   Einsatz im Rahmen von Projekten, bei denen Informationen verschiedenster Art u.a. auch mit Hilfe von Internet und Computerdatenbanken gesucht, diskutiert und dokumentiert werden, wobei die Versprachlichung im sozialen Kontext eine wichtige Rolle spielt.

h)   Zusammenarbeit mit Mitschülern bei schwierigen Aufgabenstellungen (Kommunikation)

VI. Effizienz

Die Hilfestellung, die sich die Politik von in einer Anfangseuphorie von den neuen Medien verspricht, bezieht sich hauptsächlich auf Personaleinsparung und Effektivitätsgewinnung.

Eine Personaleinsparung ist beim Einsatz von EDV nicht zu erwarten, weil eher die Wartungs- und Entwicklungsaufgaben steigen. Es wird auf die Dauer nicht möglich sein, eine dichte Ausstattung mit Computern, Netzwerken und aktueller Software durch die Freistellung von Lehrern für wenige Stunden zu realisieren.

Eine höhere Effizienz des Lernens ist jedoch zu erwarten, vermutlich eine Leistungssteigerung, die man nicht unbedingt durch Erfolge im Globalen Wettbewerb messen kann, sondern eher an einem höheren Intelligenzniveau der Schülerlinnen, das sich aus der höheren Reizverarbeitungs- Geschwindigkeit ergibt, die die Folge des neuen Mediums Computer ist.

Besonders Fragestellungen des 3. Jahrtausends, die sich mit kausalem und linearen Denken nicht mehr beantworten lassen, sind durch Computerspiele und Simulationen leichter zu verstehen. Somit ist klar, dass sich multimediale Entwicklung nicht aufhalten lassen. Zu attraktiv ist das Medium für die Schüler/innen und zu massiv die wirtschaftlichen Kräfte, die diese Entwicklung als Marktchance nützen. (Stichwort: Marktmacht der Teenager)

Durch den Einsatz von Computern , durch die Arbeit mit Multimedia-Lernprogrammen wird es möglich werden, viele routinemäßige Lernaufgaben (Recherche im Internet, auf CD-Rom- Lexika, Wortschatztraining mit einem Lernprogramm) von der Schule nach Hause zu verlegen.

Es ist jedoch unwahrscheinlich, dass dadurch die Schule als Ort sozialen Lernens überflüssig wird. Dennoch muss damit gerechnet werden, dass es gewaltige Umbrüche in der Schule geben wird. Auch diese Punkte muss man im beachten, wenn man systemisch die Gesamteffizienz von Multimedia-Einsatz erfassen will. Dazu zählen folgende Punkte:

Die Schulen müssen umorganisieren als „Lernorte", in denen eine angenehme Lernatmosphäre entstehen kann. Die Aufhebung des klassischen Gegenübers von Lehrer und Schüler und der Ersatz durch ein Team/Teamleiter Verhältnis wird zu Schwierigkeiten bei den Schülern führen, die eine klare –nicht autoritäre- Führungsstruktur in der Schule suchen und diese immer weniger finden werden.

Offene Fragestellungen und offene Antworten: Durch den Einsatz von Multimedia gelangen immer mehr Informationen an die Schüler. Durch den Verlust der zentralen Lernsteuerung durch den Lehrer/in wird eine neue „Unübersichtlichkeit" entstehen. Ein Beispiel: Bekanntermaßen gibt es schon bei der Interpretation eines Schriftstellers unterschiedliche Positionen. Wird nun ein Schüler – nicht mehr durch Königs Erläuterungen – fündig auf einer CD, im Internet usw., so stehen sich vielleicht mehrere, vielleicht sogar widersprüchliche Interpretationen gegenüber. Das Ergebnis ist eine kontroverse Debatte im Klassenzimmer :Was auf den ersten Blick nur positive Aspekte zu haben scheint, weil kontroverse Positionen das Denkvermögen steigern, zeigt uns sogleich aber auch die pädagogischen Probleme: Welche der Lösung ist nun die richtige? Was soll am Ende als Konsens herauskommen? Ist alles richtig oder womit soll der Lehrer seinen Standpunkt besonders glaubhaft machen? Ich denke, es ist deutlich geworden, dass Wahrheiten, die es vielleicht nur in der Mathematik geben mag, in allen anderen Fächern sehr schnell purzeln können.

Ein weiterer Aspekt der neuen „Unübersichtlichkeit" ist die Tatsache, dass Schüler sicher noch weniger in der Lage sind, die richtigen und wichtigen von den sinnlosen, meinungsgetönten und reklamemäßigen Informationen zu trennen. Die Fähigkeit, mit dem Wust an Informationen fertig zu werden, den das Fach Deutsch durch exemplarische Analyse von Werbung, das Fach Gemeinschaftskunde durch Lesen von Zeitungskommentaren zu entwickeln suchte, wird immer schwerer, wenn nicht sogar von der Schule nicht mehr zu leisten sein.

Ergonomische Gesichtspunkte (s.o.), die bisher in der Schule wenig Beachtung brauchten, da die EDV nur am Rande stattfand, müssen stärker berücksichtigt werden und verlangen eine konsequente Raumplanung. Dabei darf das oben skizzierte Modell einer multimedialen Raumgestaltung nur als ein Anriss verstanden werden. Es werden große finanzielle Aufwendungen nötig sein für Kabelkanäle, ergonomisch ausgestaltetes Mobiliar , für Spielmöglichkeiten zu schaffen, die gezielt gegen mögliche Haltungsschäden vorgehen. Der Sport wird in diesem Rahmen eine Aufwertung erfahren (parallel zu den prophylaktischen Programmen der Krankenkassen für Erwachsene). Summa summarum: Probleme, die bisher nur die Erwachsenen betrafen, werden nun Probleme der jungen Generation.

Anhang

Linkliste zur Erleichterung der Suche nach Material für einzelne Fächer

gs.4u.gs/Prima Linksammlung für Grundschule

www.br-online.de/bildung/databrd/ Die Seite vom Telekolleg im Bayrischen Rundfunk: Schulfernsehen interaktiv, prima Material, didaktische Hinweise und begleitende Arbeitsblätter zu den Schulfernsehsendungen

www.busse-europa.de/links/linkliste.htm Eine handverlesene Linkliste zu verschiedenen Fächern

www.cotec.de/bei-cotec/Lehrer-Links.html Links für Lehrer. Gute und übersichtliche Zusammenstellung bei CoTec , Verweis auf die Bildungsserver der Länder, Verlage usw.

nt1.alp.dillingen.de/gsonline/ Grundschule online, Akademie für Lehrerfortbildung, Materialien zum Download, Umfangreiche Sammlung von Links für die **Grundschule**.

www.eduweb.de/edulinks/index.shtml Umfangreiche und gut strukturierte Linksammlung mit einem besonderen Schwerpunkt im Technikbereich.

www.heise.de/ct/schan/0114176/linklist.shtml Kleine feine Linkliste vom Heise-Verlag: Links zum Unterricht 30-3-2003

www.lehren-digital.de Beispiele für Internetrecherche mit Schülern, Arbeitsblätter, Linkempfehlungen, Materialien zum Download

www.lehrerfreund.de/index2.html Linksammlung mit über 1600 Links zu Deutsch und Geschichte, Der Lehrerfreund ist ein sortierter Internet-Katalog. Er dient der Unterrichtsvorbereitung der Fächer Deutsch und Geschichte.

www.lehrertipp.ch/Wer 2 Arbeitsblätter beisteuert, darf sich als Mitglied im Pool bedienen. Gute Beispiele und Infos zum **Werkstattunterricht**. TOP-Adresse!

www.lehrerweb.at/ Der Wiener Bildungsserver mit viel Material zu Grundschule, Mittelstufe, Oberstufe und Berufschule, Artikel zu Reformpädagogik, (Jenaplan, Freinet usw usf.)

www.links-fuer-lehrer.de/

www.mentor.de/magazin/linksnet/linksnet.html Gute und umfangreiche Linkseite des Langenscheid-Verlages

www.muenster.de/~josch/gsl.htm Umfangreiche Sammlung von Links rund um die **Grundschule**. Ein echtes Grundschulportal!

www.quarks.de/archiv/index.htm#NO-897 Dyas Artikelarchiv von Quarks - die Wissenschaftsendung des WDR (1995-2001) Themen aus den Naturwissenschaften. Sendemanuskripte zu Biologie, Physik, Technik, Astronomie, Musik.

www.scherwer.de/ Hervorragende Suchfunktion - Linksammlung zu pädagogischen Themen- Links zu Arbeitsblättern, Schulaufsicht, Verbänden usw.....

www.schule.at/home/ Der österreichische Bildungsserver....zuerst anmelden, dann loslegen.

www.lbb.bw.schule.de/~schweiz/unterfae/doc/fachind.htm Fächerübersicht auf dem Server der Landesbildstelle Baden, viele Links zu verschiedenen Unterrichtsfächern

www.semghs.bl.bw.schule.de/Seminar für schulpraktische Ausbildung Albstadt-Ebingen mit guter Linksammlung, auch zu anderen Seminaren

www.schulewinterbach.de/links.htm Prima Linkliste von Ute Horn an der GHS Winterbach

www.surfende-schule.de Eingangsportal für Schulnetze dienen und bietet eine Fülle von nach Fächern sortierter Links ins Internet.

home.t-online.de/home/detterbeck/klassen/Linkseite für den Unterricht in der Hauptschule. Deutsch-Englisch-Mathe-Musik-Kunst. Prima Links....

njnie.dl.stevens-tech.edu/askanexpert.html Ask an Expert (engl.) Experten können zu fachlichen Problemen gefragt werden

www.yahoo.de/Bildung_und_Ausbildung/Schulwesen Yahoo-Katalog: Schulen im Netz

www.zsf.ch/primar1 Eine sehr umfangreiche Sammlung von Links für den gesamten Primarschulbereich (1. bis 4. Schuljahr) wurde zusammengestellt von einem Primarschulteam in Fluntern /Schweiz. Anschrift: Stiftung Züricher Schülerferien

www.zum.de/wegweiser/index.shtml Unterrichtsmaterial und Links zu unterschiedlichen Fächern, sehr umfangreiche Materialsammlung, Arbeitsblätter zum Download usw.

www.kc.kuleuven.ac.be/esp/prtitles.pht Auf der Seite der Projekt-Datenbank finden Sie einige Dutzend computergestützte deutschsprachige **Unterrichtsprojekte** dokumentiert.

www.kokos.ac.at/In der Kokosnuss werden **österreichische Schulprojekte** dokumentiert. Das Angebot ist nach Kategorien geordnet und bietet die Möglichkeit der Recherche mit einem Suchformular. DieDatenbank erlaubt es auch, eigene Projekte einzugeben. Ein sehr brauchbares Projektarchiv, das als Ideenspender für die eigene Arbeit gut verwendbar ist.

members.aol.com/internetfuehrer1/
Linksammlung mit guten Tips

www.berufsbildung.de Das Forum Berufsbildung.
www.berufsbildung.de/forum/fern/index.htm Sehr praktisch ist hier die **Datenbank zum Fernunterricht und Fernstudium**. Sie erlaubt eine alphabetische Suche und eine Abfrage nach Stichwörtern im digitalen Katalog der deutschen Fernlehrangebote.

www.lbw.bwse.de/~dbfrl Datenbank für **fächerverbindenden Unterricht**

www.dfn.de/home.html Deutsches Forschungsnetz

www.dibowski-online.de/Gute Linkliste zum Grundschulunterricht, eigene Site für LAA's, einige Unterrichtsentwürfe zu Grundschule 1-4

www.dipf.de/Äuß erst attraktiv sind die Datenbanken am **Deutschen Institut für Internationale Pädagogische Forschung** .Hier gibt es die pädagogische Literaturdatenbank, die Link-Datenbank mit Informationen über nationale Bildungssysteme, eine Institutionen - Datenbank, eine zur bildungsgeschichtlichen Forschung sowie eine zur Medienpädagogik.

www.grundschul.de/ Material für Klasse 1-4, Arbeitsblätter zum Pfennigpreis und kostenlose Materialien

www.ken.ch/fach/index.htm Übersicht zu Unterrichtsmaterial, Links zu Schulen und Universitäten der Kantonsschule Enge/Schweiz

www.lern-online.de/ Prima Linkliste zu pädagogischen Seiten, Schulservern, Reformpädagogik, Nachrichten, Berufschulen

www.lernforum-online.de/ Eher Grunschul-orientiert, : Leo geht baden, Leo im Straßenverkehr, leo in der Eiszeit, Leo & die Katzen, Internet als Freiarbeit im HUS-Unterricht...

www.lehrerinnen.com/Materialien zu verschiedenen Fächern. Links, Mobbing, Montessori, berufl. Situation von Lehrerinnen

www.lernspiele.at/wwwww.html Otto's WWWWW (WegWeiser ins World Wide Web) LINKS FÜR LEHRER, SCHÜLER UND ELTERN

www.ph-heidelberg.de/org/phb/biblink2.htm#paed viele gute Links zu

Pädagogik, Sonderpädagogik, Behindertenpäd., Gehörlosenpäd, Geistigbehindertenpäd., Lernbehindertenpäd.. und Erziehung der PH Heidelberg

www.gg.ik.th.schule.de/schule/hilfe/kunst.html Eine mächtige Linkliste der Goetheschule Ilmenau

www.schule-im-netz.de Prima Startseite für alle Fächer. Direkte Verbindung zu Unterrichtsthemen verschiedener Fächer. TOP!

www.schulmarkt.de/link_manager/XcDirViewInCat.asp?ID=181 Sehr umfangreiche und aktuelle Linksammlung bei Schulmarkt.de. Lohnt sich!

www.d.shuttle.de/d/daa-wfs/hopp/ Lehrer hopp!! Ein Einstiegsportal für Lehrer ins Internet.

www.surfende-schule.de >Soll als Eingangsportal für Schulnetze dienen und bietet eine Fülle von nach Fächern sortierter Links ins Internet. TOP-Adresse!

www.miless.uni-essen.de Multimedialer Lehr- und Lernserver der Universität Essen / Essener digitale Bibliothek 29-6-2002

www.rz.uni-karlsruhe.de/Outerspace/VirtualLibrary/ Wissenschaftliche Quellen im Netz. "German Resources". Teil der "Virtual Library"29-06-2002

www.ddz.uni-mannheim.de/diz/rech.html recherchierbaren WWW-Seiten , sehr viele davon aus dem Bereich der Wirtschaft.

www.uni-mannheim.de/users/bibsplit/litrech.html

Bereichsbibliothek Sprach- und Literaturwissenschaft .Internet-Quellen zu den Sprach- und Literaturwissenschaften

webkatalog.freenet.de/seiten/go02sl.htm?O1YKCcJhMsMAAHI5FwM Die Links für Lehrer bei Freenet.de

www.zsf.ch/primar1 Eine sehr umfangreiche Sammlung von Links für den gesamten Primarschulbereich (1. bis 4. Schuljahr) wurde zusammengestellt von einem Primarschulteam in Fluntern /Schweiz. Hier findet man u.a. Link Sammlungen zu Computer in der Grundschule Didaktik Fernsehen Foren Gesundheit und Ernährung Lernen am Computer Museen Klassenfahrten Nachschlagewerke Pädagogik Projekte Lernmittel, Software Umwelt Bilder und Texte für den Sachunterricht

International

schoolbox.sys.uea.ac.uk/schoolnet/.Das britische Schulweb SchoolNet UK.

www.rmplc.co.uk/meeting/ewdir.html Das **englische Schulweb: Edu-Web**

www.ed.gov/US Department of Education: Dieses Angebot geht über ein reines Schulnetz weit hinaus. Sie finden auf dieser Seite alles, was mit der Entwicklung und Erziehung von Kindern und Jugendlichen zu tun hat. Und natürlich gibt es auch jede Menge Materialien und weiterführende Links.

www.schnet.edu.au/Australien: schoolsnet **Australisches Schulnetz**

www.educeth.ethz.ch/Education-Server, eine Plattform zum Austausch von Unterrichtsmaterialien. Für viele Fächer geeignet, z.B. Englisch

www.explorescience.com/Explore Science: **Lern-Server** zu verschiedenen Wissenschaftsgebieten.

www.ibmsnet.it/es/Das **italienische Schulweb**educazione & scuola

dgrt.mesr.fr/Serveurs_Etab Das **Schulweb aus Frankreich**: Liste des serveurs W3 des Universités et des Ecoles/France

www.sln.org/Science Learning Network: Lern-Netzwerk für Jugendliche, von **Museen der USA** betrieben.

www.surfnetkids.com/ Die **Internet-Tour** Surfing the Net with Kids: Links zu Seiten für Vorschulkinder und "Middle-School"

ericir.syr.edu/ Ask Eric- Großes Internetporttal für Erziehung und Bildung, Schulausstattung, Unterricht und pädagogische Themen der Syracuse University, USA "ERIC is the world's largest source of education information, with more than 1 million abstracts of documents and journal articles on education research and practice. Our version of the Database, updated monthly with the latest citations available, provides access to ERIC Document citations from 1966 through May 2001 and ERIC Journal citations from 1966 through February 2001."

ericir.syr.edu/ Ask Eric- Großes Internetporttal für Erziehung und Bildung, Schulausstattung, Unterricht und pädagogische Themen der Syracuse University, USA "ERIC is the world's largest source of education information, with more than 1 million abstracts of documents and journal articles on education research and practice. Our version of the Database, updated monthly with the latest citations available, provides access to

ERIC Document citations from 1966 through May 2001 and ERIC Journal citations from 1966 through February 2001."

www.theschoolpage.com/ USA: The school page Amerikanisches Schulnetz, sehr umfangreiche Linkliste 4/04/2002

Muster für eine Nutzungsordnung der Computereinrichtungen an Schulen

Allgemeines

Nachfolgende Regelung gilt für die Benutzung von schulischen Computereinrichtungen durch Schülerinnen und Schüler im Rahmen des Unterrichts, der Gremienarbeit und zur Festigung der Medienkompetenz außerhalb des Unterrichts. Sie gilt nicht für eine rechnergestützte Schulverwaltung.

Die Schule (Schulname) gibt sich für den Umgang mit diesem Medium die folgende Nutzungsordnung. Dabei gilt Teil B für jede Nutzung der Schulcomputer, Teil C ergänzt Teil B in Bezug auf die Nutzung außerhalb des Unterrichtes.

Regeln für jede Nutzung

Passwörter

Alle Schülerinnen und Schüler erhalten eine individuelle Nutzerkennung und wählen sich ein Passwort, mit dem sie sich an vernetzten Computern der Schule anmelden können. Vor der ersten Benutzung muss ggf. das eigene Benutzerkonto, der Account, freigeschaltet werden; ohne individuelles Passwort ist keine Arbeit am Computer möglich.[1] Nach Beendigung der Nutzung hat sich die Schülerin oder der Schüler am PC abzumelden.

Für unter der Nutzerkennung erfolgte Handlungen werden Schülerinnen und Schüler verantwortlich gemacht. Deshalb muss das Passwort vertraulich gehalten werden. Das Arbeiten unter einem fremden Passwort ist verboten. Wer ein fremdes Passwort erfährt, ist verpflichtet, dieses der Administrator der Schule mitzuteilen.

Verbotene Nutzungen

Die gesetzlichen Bestimmungen insbesondere des Strafrechts, Urheberrechts und des Jugendschutzrechts sind zu beachten. Es ist verboten, pornographische, gewaltverherrlichende oder rassistische Inhalte aufzurufen oder zu versenden. Werden solche Inhalte versehentlich aufgerufen, ist die Anwendung zu schließen und der Aufsichtsperson Mitteilung zu machen.

Datenschutz und Datensicherheit

Die Schule ist in Wahrnehmung ihrer Aufsichtspflicht berechtigt, den Datenverkehr zu speichern und zu kontrollieren. Diese Daten werden in der Regel nach einem Monat, spätestens jedoch zu Beginn eines jeden neuen Schuljahres gelöscht. Dies gilt nicht, wenn Tatsachen den Verdacht eines schwerwiegenden Missbrauches der schulischen Computer begründen.

Die Schule wird von ihren Einsichtsrechten nur in Fällen des Verdachts von Missbrauch und durch verdachtsunabhängige Stichproben Gebrauch machen.

Eingriffe in die Hard- und Softwareinstallation

Veränderungen der Installation und Konfiguration der Arbeitsstationen und des Netzwerkes sowie Manipulationen an der Hardwareausstattung sind grundsätzlich untersagt. Fremdgeräte dürfen nicht an Computer oder an das Netzwerk angeschlossen werden. Unnötiges Datenaufkommen durch Laden und Versenden von großen Dateien (z.B. Grafiken) aus dem Internet, ist zu vermeiden. Sollte ein Nutzer unberechtigt größere Datenmengen in seinem Arbeitsbereich ablegen, ist die Schule berechtigt, diese Daten zu löschen.

Schutz der Geräte

Die Bedienung der Hard- und Software hat entsprechend den Instruktionen zu erfolgen. Störungen oder Schäden sind sofort der für die Computernutzung verantwortlichen Person zu melden. Wer schuldhaft Schäden verursacht, hat diese zu ersetzen.

Die Tastaturen sind durch Schmutz und Flüssigkeiten besonders gefährdet. Deshalb ist während der Nutzung der Schulcomputer Essen und Trinken verboten.

Nutzung von Informationen aus dem Internet

Der Internet-Zugang soll grundsätzlich nur für schulische Zwecke genutzt werden. Als schulisch ist auch ein elektronischer Informationsaustausch anzusehen, der unter Berücksichtigung seines Inhalts und des Adressatenkreises mit der schulischen Arbeit im Zusammenhang steht. Das Herunterladen von Anwendungen ist nur mit Einwilligung der Schule zulässig.

Die Schule ist nicht für den Inhalt der über ihren Zugang abrufbaren Angebote Dritter im Internet verantwortlich.

Im Namen der Schule dürfen weder Vertragsverhältnisse eingegangen noch ohne Erlaubnis kostenpflichtige Dienste im Internet benutzt werden.

Bei der Weiterverarbeitung von Daten aus dem Internet sind insbesondere Urheber- oder Nutzungsrechte zu beachten.

Versenden von Informationen in das Internet

Werden Informationen unter dem Absendernamen der Schule in das Internet versandt, geschieht das unter Beachtung der allgemein anerkannten Umgangsformen. Die Veröffentlichung von Internetseiten der Schule bedarf der Genehmigung durch die Schulleitung.

Für fremde Inhalte ist insbesondere das Urheberrecht zu beachten. So dürfen zum Beispiel digitalisierte Texte, Bilder und andere Materialien nur mit Erlaubnis der Urheber in eigenen Internetseiten verwandt werden. Der Urheber ist zu nennen, wenn dieser es wünscht.

Das Recht am eigenen Bild ist zu beachten. Die Veröffentlichung von Fotos und Schülermaterialien im Internet ist nur gestattet mit der Genehmigung der Schülerinnen und Schüler sowie im Falle der Minderjährigkeit ihrer Erziehungsberechtigten.

Ergänzende Regeln für die Nutzung außerhalb des Unterrichtes

Nutzungsberechtigung, Benutzerausweis

Außerhalb des Unterrichts kann im Rahmen der medienpädagogischen Arbeit ein Nutzungsrecht gewährt werden. Die Entscheidung darüber und welche Dienste genutzt werden können, trifft die Schule unter Beteiligung der schulischen Gremien.

Alle Nutzer werden über diese Nutzungsordnung unterrichtet. Die Schülerinnen und Schülerinnen sowie im Falle der Minderjährigkeit ihre Erziehungsberechtigten, versichern durch ihre Unterschrift (siehe Anlage), dass sie diese Ordnung anerkennen. Dies ist Voraussetzung für die Nutzung.

Aufsichtspersonen

Weisungsberechtigt sind während des Unterrichts die Lehrer, während der Unterrichtspausen die aufsichtsführenden Lehrer.

Schlussvorschriften

Diese Benutzerordnung ist Bestandteil der jeweils gültigen Hausordnung und tritt am Tage nach ihrer Bekanntgabe durch Aushang in der Schule in Kraft.

Einmal zu jedem Schuljahresbeginn findet eine Nutzerbelehrung statt, die im Klassenbuch protokolliert wird.

Nutzer, die unbefugt Software von den Arbeitsstationen oder aus dem Netz kopieren oder verbotene Inhalte nutzen, machen sich strafbar und können zivil- oder strafrechtlich verfolgt werden. Zuwiderhandlungen gegen diese Nutzungsordnung können neben dem Entzug der Nutzungsberechtigung schulordnungsrechtliche Maßnahmen zur Folge.

Anlage

Erklärung:

Am _____ wurde ich in die Nutzungsordnung zur Internet-Nutzung eingewiesen. Mit den festgelegten Regeln bin ich einverstanden. Mir ist bekannt, dass die Schule den Datenverkehr protokolliert und durch Stichproben überprüft. Sollte ich gegen die Nutzungsregeln verstoßen, verliere ich meine Berechtigung für die Nutzung außerhalb des Unterrichts und muss gegebenenfalls mit Schulordnungsmaßnahmen rechnen. Bei Verstoß gegen gesetzliche Bestimmungen sind zivil- oder strafrechtliche Folgen nicht auszuschließen.

_____ _____
Name und Klasse/Kurs Unterschrift der Schülerin/des Schülers

_____

_____
Ort/Datum

_____

_____
Unterschrift der/des Erziehungsberechtigten

Multimediale Präsentationsformen für Ergebnisse von Einzel- , Gruppenarbeit und Unterricht

1. Einsatz von Schreibpads im Unterricht

Mit Hilfe eines extrem billigen Schreibpads(25 €) wurde dieses Tafelbild erstellt. Mit Hilfe eines Beamers kann es an die Tafel projiziert werden. Auch eine Verbindung mit Bildern aus Bildersammlungen ist möglich. Oben wurde die Einstellung von Windows in „kontrast schwarz" geändert, was den Sehgewohnheiten beim Tafelbild näher kommt. Außerdem kann die Schriftgröße und Farbe beliebig eingestellt werden.

2. Strukturieren von Ergebnissen (Mindmapping)

Als Mindmapping bezeichnet man das strukturierte Festhalten von inhaltlichen Bezügen, als Subordinationen oder Parallelen in einem Gedankengeflecht zu einem beliebigen Thema. Vorteil ist diese Darstellungsform, weil sie die Netzwerkartige Struktur von der Verankerung von Lerninhalten im Gehirn abbildet. Als Beispiel sei hier ein Mindmapping zum Thema wiedergegeben, das mit dem Programm „Mindmanager" erstellt wurde. Mindmanager bietet zusätzlich die Möglichkeit der Ver-Linkung mit Internetadressen sowie die Umwandlung des Wissensgeflechts in eine Powerpoint-Darstellung an.

3. Verwendung der Formularfunktion von Word

Word bietet die Option, Formulare zu erstellen. In diesen leicht zu erstellenden Formularen können entweder Leerstellen (im Beispiel: grau unterlegt) oder Drop-Down Menües mit möglichen Lösungen angeboten werden. Diese Arbeitsform bietet sich an für die rasche Zusammenfassung und Wiederholung von Unterrichtsstoff am Ende einer Stunde, vor allem bei Schülern mit LRS und sonstigen Schreibstörungen.Sie können nach Ausfüllen der Leerstellen den Text für sich ausdrucken.

Beispielformular: Schnecken :

Die Schnecken gelten als und sind von Hobbygärtnern nicht gern gesehen. Sie werden deshalb von chinesischen Laufenten gejagt, in Weinfallen gelockt oder mit der Hand eingesammelt.

4. Powerpoint-Präsentation

Diese gängige Methode erlaubt es , Texte, Bilder in Photoqualität, eigene Zeichnungen, die eingescannt werden und Musik zu einem „Diavortrag" zu vereinen. Zusätzlich werden verschiedene Animationen (Darstellungsformen des Inhalts) als Bereicherung angeboten.

Literaturliste

Aktion Jugendschutz (Hg.): Computerspiele. Spielspaß ohne Risiko. Hinweise und Empfehlungen. Köln 1991

Aktion Jugendschutz (Hg.): Jugendmedienschutz. Mediennutzung Medienwirkung Schutzvorschriften. Köln 1989

Aktion Jugendschutz (Hg.): Tips für Computerspiele. Ein Verzeichnis für Pädagogen und Eltern. In: Informationen. Mitteilungsblatt der Aktion Jugendschutz, Nr. 11 26. Jahrgang. Stuttgart, Februar 1990

Appelhans,Peter/Krebs,Eva: Minder und Jugendliche mit Sehschwierigkeiten in der Schule, Heidelberg, 1995

Armbruster, Brigitte/Kübler, Hans-Dieter (Hg.): Computer und Lernen. Medienpädagogische Konzeptionen, Schriftenreihe der Gesellschaft für Medienpädagogik und Kommunikationskultur in der Bundesrepublik e. V (GMK), Bd. 1, Opladen 1988

Baacke, Dieter: Die 6- bis 12jährigen. Weinheim, Basel 1991

Baacke, Dieter Die 13- bis 18jährigen. Weinheim, Basel 1991

Baacke, Dieter: Kommunikation und Kompetenz, München 1973

Baacke, Dieter: Medienkompetenz - Herkunft, Reichweite und strategische Bedeutung eines Begriffs. In: Kubicek, Herbert u.a. (Hrsg): Lernort Multimedia. Jahrbuch Telekommunikation und Gesellschaft 1998. Heidelberg 1998, S. 22-27

Bauer, Wolfgang, Multimedia in der Schule, in: Issing/Klimsa a.a.O., S. 377399.

Bergk, Marion: In Ruhe unterrichten, in: Bastian, Johannes. u.a. Hrsg. Tips für besseren Unterricht, Hamburg 1987

Berlyne, D. E.: Curiosity and learning. Motivation and Emotion, 2 (2). 1978

Berlyne, D.E.: Konflikt, Erregung, Neugier. Stuttgart 1974

Bernstein, Anne C.: Die Patchworkfamilie. Wenn Väter oder Mütter in neuen Ehen weitere Kinder bekommen. Zürich 1990

Bertelsmann-Stiftung (Hrsg.): Die Informationsgesellschaft von morgen -Herausforderungen an die Schule von heute. Vierter Deutsch-Amerikanischer Dialog zur Medienkompetenz als Herausforderung an Schule und Bildung. Gütersloh 1996

Braun, Axel: Wie umweltbewußt sind Jugendliche? Studie der Universität Bielefeld 1994

Büchner, R.: Computer ist mehr. In: Computer ist mehr - Multimedia in und Schule - Ein Fortbildungsmodell der Akademie für Lehrerfortbildung Dillingen, Manz-Verlag, München 1995

Bundesminister für Bildung und Wissenschaft (Hg.): Mädchen und Computer. Ergebnisse und Modelle zur Mädchenförderung in Computerkursen, Schriftenreihe Studien zu Bildung und Wissenschaft, Bd. 100. Bad Honnef 1992

Bundesvereinigung Kulturelle Jugendbildung e. V. (Hg.): Vom kreativen Umgang mit Computern. Möglichkeiten und Grenzen in der Jugendkulturarbeit. Schriftenreihe der Bundesvereinigung für Kultureife Jugendbildung. Band II /1988

Bundeszentrale für politische Bildung (Hg.): Computer in der Schule. Pädagogische Konzepte und Projekte. Empfehlungen, Dokumente, Bd. 246. Bonn 1988

Bundeszentrale für politische Bildung (Hg.): Computerspiele - Bunte Welt im grauen Alltag. Bonn 1993

Bund-Länder-Kommission für Bildungsplanung und Forschungsförderung (Hg.): Gesamtkonzept für die Informationstechnische Bildung, Heft 16, 1987

Bussmann, Hans: Computer contra Eigensinn. Was Kinder dem Computer voraus haben. Frankfurt am Main 1988

Clark R.E.: Considering research on learning from media. Review of Educational Research, 53, 445-459.

Clark, R.E.:/Salomon,G: Media in teaching. In: M.C. Wittrock(Ed.): Handbook of research in teaching. Macmillan, NY 1986

Csikszentmihalyi, M: Das Flow- Erlebnis. Jenseits von Angst und Langeweile: Im Tun aufgehen. Stuttgart 1985

Der Spiegel: Revolution des Lernens. Heft 9 /1994

Deci, E.L./Ryan, R.M.: Intrinsic motivation and self-determination in human behavior. New York 1985

Deci, E.L./Ryan, R.M.: The empirical exploration of intrinsic motivational processes. In: Berkowitz, L. (Ed.): Advances in Experimental Social Psychology (Vol. 13, pp 39-80). New York 1970

Deci, E.L.: The psychology of self-determination. Lexington, Mass. 1980

Dewey, J.: Das Kind und der Lehrplan. In: Dewey, J./Kilpatrick, W.H.: Der ProjektPlan. Grundlegung und Praxis. Weimar 1935

Dittler, Ullrich: Software statt Teddybär. Computerspiele und die pädagogische Auseinandersetzung. München 1993

Döring, Nicola: Internet: Bildungsreise auf der Infobahn. In: Issing, Ludwig J./Klimsa, Paul (Hrsg.): Information und Lernen mit Multimedia. Weinheim 1995, S. 305-336

Eigler, G./Macke, G./Nenniger, P.: Mehrdimensionmale Zielerreichung in Lehr-Lern-Prozessen. In: Zeitschrift für Pädagogik. 28 (1982) S. 397-424.

Engerer, Martin1Schuh, Georg: Lehrer-Schüler-Kooperation bei der Unterrichtsvorbereitung. In: Pädagogik. 3!1997, S. 16-19

Eschenauer, B.: Medienpädagogik in den Lehrplänen. Eine Inhaltsanalyse zu den Curricula der allgemeinbildenden Schulen im Auftrag der Berteismann Stiftung. Gütersloh 1989

Eurich, Klaus: Computerkinder. Wie die Computerweit das Kindsein zerstört. Hamburg 1985

Faulstich-Wieland, H./Dick, A.: Mädchenbildung und Neue Technologien. Abschlußbericht der vvissenschaftlichen Begleitung zum Hessischen Vorhaben. Wiesbaden: HIBS - Hessisches Institut für Bildungsplanung und Schulentwicklung, Sonderreihe Heft 29 11989

Feibel, Thomas: Mitschrift eines Vortrags, gehalten in Ettlingen im März '99 (Feibel ist Autor des Buches: Software-Ratgeber)

Ferchhoff, Wilfried: Jugendliche und Jugendkulturen zu Anfang der neunziger Jahre. In: Theorie und Praxis der sozialen Arbeit, 1 11991

Flensburger Hefte: Computer Medien, Sonderheft Nr. 311988

Förster, Christian: Eltern Kinder Computer. Zur Computerbildung in der Schule. Mit einer Einführung in die Informations- und Kommunikationstechnische Grundbildung in der Sekundarstufe. Dortmund 1991. Hg. vom Kommunikativen Bildungswerk e. V.

Förster, Christian/ Nogel, Reinhard: PC-Ergonomie und Ökologie. München 1994

Frech, Siegfried, Medienkompetenz und Multimedia- nur Hochwertwörter, in: Die Unterrichtspraxis, GEW, Hl. v. 25.02.1999

Fritz, Jürgen: Programmiert zum Kriegspielen. Weltbilder und Bilderwelten im Videospiel, Schriftenreihe Bd.260, Bonn 1988. Hg. von der Bundeszentrale für Politische Bildung in Bonn

Fromme, Johannes: Spielecomputer und Kinderfreizeit. In: Bielefelder Universitätszeitung 5 / 1994, S. 14 bis 16

Funkkolleg Medien und Kommunikation. Hrsg. vom Deutschen Institut für Fernstudien der Universität Tübingen. Weinheim, Basel 1991

Gardner, Howard, Multiple Intellegences: The Theory in Practice, New York, Basic Books 1993

Germano, Christian: Politische (Irr-)Wege in die globale Informationsgesellschaft. In: Aus Politik und Zeitgeschichte. Beilage zur Wochenzeitung Das Parlament. 1332196, S. 16-25

Glaser, Hermann: Das Verschwinden der Arbeit. Die Chancen der neuen Tätigkeitsgesellschaft. Düsseldorf, Wien, New York 1988

Graham, Ian u. a.: Roboter- Laser- Neue Medien. Ravensburg 1986

Goleman, Daniel, : Emotionale Intelligenz, München 1995

Grebsch, U./ Lissner, B.: Elternratgeber Computer, Reinbek 1995

Greenfiel D, Patricia M.: Kinder und neue Medien. Die Wirkungen von Fernsehen, Videospielen und Computer. München 1987

Groddeck, N.: Offener Unterricht. Enzyklopädie Erziehungswissenschaft. Bd. 8, S. 621ff. Stuttgart 1983

Gudjons, Herbert: Handlungsorientiert lehren und lernen, Bad Heilbrunn 1994

Hannover, B./Beftge, S.: Mädchen und Technik. Göttingen 1993

Harth, Thilo/Simon, Thomas: Das Internet als Gegenstand und Medium der politischen Bildung. In: Prags Politische Bildung, 311997, S. 195-205

Heidtmann, Horst: Kindermedien. Stuttgart 1992

Heijil / Klause/ Köck: Computer-Kids. Telematik und sozialer Wandel, Lumis-Schriften, Bd.1, 1988

Hentig, Hartmut v.: Das allmähliche Verschwinden der Wirklichkeit. Ein Pädagoge ermutigt zum Nachdenken über die neuen Medien. München 1987

Hidi, S./McLaren, J.: The development of textstructures in children's written exposition. Paper presented at the annual meeting-. of the American Educational Research Association. New Orleans 1988

Hidi, S.: Interest and its contribution as a mental resource for leaming. Review of Educational Research 60 (1990) S. 549-571

Hofer, M.: Sozialpsychologie erzieherischen Handelns. Göttingen 1986

Hooffacker, G.: Neue Rechte, Alte Maschen. Oder: Was Rechtsextreme und Neonazis so mit dem Computer anstellen und was man dagegen tun kann.

Horx, Matthias: Trendbuch. Der erste große deutsche Trendreport. Düsseldorf 1994

Hunt, J.: Intrinsic motivation and it's role in psycholegical development. In: Levine, D. (Ed.): Nebraska symposium an motivation (pp 189-282), Lincoln 1965

Hurrelmann, K. / Wolf, H.K.: Schulerfolg und Schulversagen im Jugendalter. Weinheim/ München 1986

Institut der deutschen Wirtschaft (Köln): Umfrage bei 642 Handwerksbetrieben im Kammerbezirk Koblenz. Mai 1991

Issing, Ludwig/ Klimsa, Paul: Information und Lernen mit Multimedia, Beltz, Psychologie Verlags Union, Weinheim 1995

Jonas, Hans: Das Prinzip Verantwortung. Versuch einer Ethik für die technologische Zivilisation. Frankfurt am Main 1985

Jonas, Hans: Technik, Medizin und Ethik. Frankfurt am Main 1987

Kauke, Marion: Spielintelligenz. Spielend lernen - Spielen lehren? Heidelberg, Berlin, New York 1992

Kerres, Michael: Software- Engineering für multimediale Teachware. In: Seidel, C.(Hrsg.): Computer Based Training, Stuttgart, S. 87-102.

Klees, Bernd: Der Griff in die Erbanlagen. Braunschweig 1990

Klimsa,Paul: Multimedia aus psychologischer und didaktischer Sicht, in: Issing, Ludwig/ Klimsa, Paul: Information und Lernen mit Multimedia, Beltz, Psychologie Verlags Union, Weinheim 1995, S. 7-24.

Kösel, E.: Die Modellierung von Lernwelten, Elztal - Dallau 1993

Kosho, Bart, Fuzzy Thinking, The new science of fuzzy logic, Hyperion, New York 1993

Kübler, Hans-Dieter Die Kompetenz der Kompetenz der Kompetenz ... Anmerkungen zur Lieblingsmetapher der Medienpädagogik. In: medien praktisch. 2/1996, s. 11-16

Krapp A. et al.: Interesse und Wissenserwerb. Neubiberg 1990

Knapp, A./Winteler, A.: Interesse und Lernstrategien als Bedingungen des Schulerfolgs (Beitrag zur 46. Tagung der Arbeitsgemeinschaft für Empirische Pädagogische Forschung). Halle 1991

Knapp, A.: Der Stellenwert des Interessenkonzepts in der pädagogisch orientierten Forschung. München 1988

Knapp, A.: Interesse - Ein neuentdecktes Forschungsgebiet der empirischen Pädagogik. In: Ingenkamp, K./Jäger, R.S./Petillon, H./Wolf, J.T. (Hg.): Empirische Pädagogik von 1970-1990. Weinheim 1992

Knapp, A.: Interesse, Lernen und Leistung. In: Zeitschrift für Pädagogik 38 (1992) 5, S. 749-770

Knapp,A.: Neuere Ansätze einer pädagogisch orientierten

Interessenforschung. In: Empirische Pädagogik, 3. Jg. (1989) H. 3, 2333-255

Kuhlmann, Gregor u. a.: Computerwissen für Einsteiger. Hardware-Voraussetzungen für Standardsoftware. Reinbek bei Hamburg 1992

Kükelhaus, Hugo/Lippe, Rudolf zur Entfaltung der Sinne. Ein «Erfahrungsfeld» zur Bewegung und Besinnung. Frankfurt am Main 1988

Kurzweil, Raymond: Kl. Das Zeitalter der Künstlichen Intelligenz. München, Wien 1993

Landesinstitut für Schule und Weiterbildung (Hg.): Interaktive Medien im Unterricht. Werkstattbericht 5. Gestaltung von Hypermedia-Arbeitsumgebungen. Lernen in Sach- und Sinnzusammenhängen (1994)

Landtag von Baden-Württemberg (Hrsg.): Bericht und Empfehlung der Enquete-Kommission "Entwicklung, Chancen und Auswirkungen neuer Informations- und Kommunikationstechnologien in Baden-Württemberg" (Multimedia-Enquete). Drucksache 11/0400 v. 20.10.1995

Langharn: Email und News. Weltweite Kommunikation über UUCP, Internet und andere Computernetzwerke. München, Wien 1993

Leu, H. R.: Wie Kinder mit Computern umgehen. Studie zur Entzauberung einer neuen Technologie in der Familie. Weinheim, München 1993

Lohse, Joachim: Computerschrott- quo vadis? In: Globus 1 / 91

Lurija,A.R.: Das Gehirn in Aktion. Einführung in die Neuropsychologie. Reinbeck 1992

Mandl, Heinz/ Gruber, Hans/ Renkl, Alexander Situiertes Lernen in mulitmedialen Lemumgebungen, in Issing/ Klimsa 1995 a.a.O.S. 167-177.

Marmolin,H: Multimedia from the Perspectives of Psychology. In: Kjelldahl, L. (Ed.) Muttimedia. Systems, Interaction and Application, Berlin u.a. 1992, S. 39-54.

Maturana, Huberto 1 Vareia, Francisco: Der Baum der Erkenntnis. Die biologischen Wurzeln des menschlichen Erkennens. Bern, München 1990

Maier, Wolfgang: Grundkurs Medienpädagogik/Mediendidaktik. Ein Studien- und Arbeitsbuch. Weinheim und Basel 1998

Mayer, Werner Paul/ Seter, Georg: Computer-Kids. Ravensburg 1994

Nell, V.: The psychology of reading for pleasure: Needs and gratifications. Reading Research Quaterly. 23 (1988) S. 6-50

Niedersächsisches Kultusministerium (Hg.): Neue Technologien und Allgemeinbildung. Insbesondere Bd. 1: Grundlagen und Bildungskonzept, Bd. 2: Arbeit 1 Wirtschaft (Arbeitslehre), Bd. 16: Technik

Nimtz,Günter: Elektrosmog, Mannheim 1994

Noller, P./Paul, G.: Jugendliche Computerfans. Selbstbilder und Lebensentwürfe Eine empirische Untersuchung. Frankfurt am Main 1991

Oerter/ Montada: Entwicklungspsychologie. Ein Lehrbuch. 2., neu bearbeitete Auflage. München, Weinheim 1987

Papert, Seymour: Gedankenblitze. Kinder, Computer und neues Lernen. Reinbek bei Hamburg 1985

Patzlaff, Rainer: Bildschirmtechnik und Bewußtseinsmanipulation. Stuttgart 1985

Piaget, Jean/Inhelder, B.: Die Psychologie des Kindes. Olten 1972

Rheingold, Howard: Virtuelle Weiten. Reisen im Cyberspace. Reinbek bei Hamburg 1992

Poignée, Hans: Der Beitrag der systemischen Theorie für Sonder- und Sozialpädagogik, Idstein 1997

Poignée,Hans:Strukturierte Materaliensammlung zur Hochbegabtenförderung und Diagnostik, Bd. 1, Marburg 1997

Reiß, G./ Böhm, O./ Eberle, G.: Offener Unterricht mit lernschwachen Schülern. In Reiß, G./Eberle, G.: Offener Unterricht. Freie Arbeit mit lernschwachen Schülerinnen und Schülern. Weinheim 1992

Rifkin, Jeremy, Das Ende der Arbeit und ihre Zukunft, Frankfurt/New York 1995

Rose, Wulf-Dietrich: Elektrosmog, Elektrostress. Strahlung in unserem Alltag und was wir dagegen tun können. Köln 1990

Roszak, Theodore: Der Verlust des Denkens. Über die Mythen des Computer Zeitalters. München 1988

Rötzer, Florian (Hg.): Digitaler Schein. Ästhetik der elektronischen Medien. Frankfurt am Main 1991

Rötzer, Florian/Weibel, Peter (Hg.): Cyberspace. Zum medialen Gesamtkunstwerk. München 1993

Rügen Till C.: Chaos auf dem Datenhighway - Multimedia und die Gefahren für die Informationsgesellschaft. In: Politische Studien. Heft 3541 1997, S. 4965

Rumpf H.: Die übergangene Sinnlichkeit, München 1981

Sacher, Werner: Jugendgefährdung durch Video- und Computerspiele. Diskussion der Risiken im Horizont internationaler Forschungsergebnisse. In: Zeitschrift für Pädagogik, 39.Jg., 1993, Nr.2

Schenk, Michael: Medienwirkungsforschung. Tübingen 1987

Scheppach, Joseph: Sex um 8 - und was Sie sonst noch über innere Uhren wissen sollten, Kösel, München 1996

Schiefele, U./ Winteler, A.: Interesse - Lernen - Leistung. Eine Übersicht über theoretische Konzepte, Erfassungsmethoden und Ergebnisse der Forschung. München 1988

Schiefele, U.: Interesse und Qualität des Erlebens im Unterricht. In: Knapp, A./ Prenzel, M. (Hg.): Interesse, Lernen, Leistung: Neuere Ansätze einer pädagogisch- psychologischen Interessenforschung. Münster 1992

Schiefele, U.: Interest, learning and motivation. Educational Psychologist 26 (1991)S. 299-323

Schiefele, U.: Thematisches Interesse. Variablen des Lemprozesses und Textverstehen. Zeitschrift für Experimentelle und Angewandte Psychologie 37 (1990) S.304-332

Schindler, Friedemann: Computerspiele zwischen Faszination und Giftschrank: Verbreitung problematischer Spiele - kreative und spielerische Anwendungen in der Jugendarbeit, Schriften und Materialien der Jugendbildungsstätte Bremen, Lidice Haus. Bremen 1992

Schmidt, Siegfried J. (Hg.): Der Diskurs des Radikalen Construktivismus. Frankfurt am Main 1988

Schmidt,R.F.(Hrsg.): Grundriß der Neurophysiologie, Berlin,Heidelberg, Now York 51983

Schönweiss, Friedrich: Bildung als Bedrohung? Grundlegung einer Sozialen Pädagogik. Opladen 1994

Schuh,Wilfried u.a. (Hrsg.): Fischer-Lexikon Publizistik -Massenkommunikation. Frankfurt/M. 1994

Schuh-Zander, Renate: Lernen in der Informationsgesellschaft. In: Pädagogik. 3f1997, S. 8-13

Seesslen, Georg/Rost, Christian: Pac-man & Co. Die Weit der Computerspiele. Hamburg 1984

Senatsverwaltungen für Schule, Berufsbildung und Sport, Senatsverwaltung für Frauen, Jugend und Familie in Zusammenarbeit mit der Landesbildstelle Berlin (Hg.): Tips für Computerspiele. Ein Versuch für Pädagogen und Eltern. Berlin 1989 (zu bestellen bei der Landesbildstelle Berlin)

Shirey, L.L./Reynolds, R.E.: Effect of interest an attention and learning. Joumal of Educational Pychology 80 (1988) S. 159-166

Spanhel, Dieter Jugendliche vor dem Bildschirm. Neueste Forschungsergebnisse über die Nutzung der Videofilme, Telespiele und Homecomputer durch Jugendliche. Weinheim 1990

Stiftung Verbraucherinstitut (Hg.) : Der Oko-Schreibtisch. Umwelt- und Gesundheitsverträglichkeit von Büro, Schreibmaterialien, Computern und Bildschirmen. Bezug über die Stiftung Verbraucherinstitut , Reichpietschufer 7476, 10785 Berlin

Tempi, Karl-Ulrich: Politische Bildung online? Neue Medien und politische Bildung. In: Landeszentrale für politische Bildung (Hrsg.): Praktische politische Bildung. Schwalbach/Ts. 1997, S. 57-75

test: Mehr Strahlung als nötig, Heft 2 192

Tausch, A.u.R.: Erziehungspsychologie, Göttingen 1971

Theunert, Helga: Faszination Computer Überblick über die Praxis der Computerarbeit mit Jugendlichen. Reihe Medienpädapogik Bd.2. Hg. vom Institut Jugend Film Fernsehen

tomorrow, Hft. 2199

Tornsdorf, H. und M.: ISDN. München, Wien 1995

Tornsdorf, H. und M.: Der PC-Einstieg. München, Wien 1995

Turkle, Sherry: Die Wunschmaschine. Der Computer als zweites Ich. Hamburg 1984

Vester.J: Lemen-Denken-Vergessen, dtv, München 1 978

Virilio, Paul: Ästhetik des Verschwindens. Berlin 1986

Waffender, Manfred (Hg.): Cyberspace. Ausflüge in virtuelle Wirklichkeiten. Reinbek bei Hamburg 1991

Wahl/Diethelm./Weinert,Franz.E./Huber,Günter,L.: Psychologie für die Schulpraxis, Kösel, München 1984

Wandmacher, Jens: Software-Ergonomie, Berlin, New York 1993

Weidenmann, Bernd, Multicodierung und Multimodalität im Lernprozess, in Issing, Klimsa 1995 a.a.0. S.65-84.

Weizenbaum, Joseph, Die Macht der Computer und die Ohnmacht der Vernunft, Frankfurt am Main 1977

Werkstattbericht 5(1994): Gestaltung von Hypermedia-Arbeitsumgebungen, gleichzeitig Abschlußbericht zu den Modellversuchen COMPIG und OPTIS. Reihe: Interaktive Medien im Unterricht: Landesinstitut für Schule und Weiterbildung(Hrsg.): Soest. Eigenverlag.

Wissenschaftliche Dienste des Bundestages. Der aktuelle Begriff Nr. 12 v. 22.9.1995: Informationsgesellschaft. S. 1

www.ingramcontent.com/pod-product-compliance
Lightning Source LLC
Chambersburg PA
CBHW030444300426
44112CB00009B/1162